U0079596

大樂文化

經濟學博士教你

美股存股課

他如何短短 3 年，投資超微、星巴克獲利 3 倍？

洪哲雄——著

CONTENTS

▶「事實」是最根本的依據，該蒐集哪些資訊才對？

▶用「邏輯」橫向比較來挑選，再縱向比較抓準時機

▶「想像力」是基於絕對性的分析，而非空中樓閣的臆測

<u>推薦序</u>
一本投資界重磅的書，橫空出世

中信金融管理學院講座教授
台大經濟系名譽教授　　林建甫

　　恭喜洪哲雄博士的新作出版。預計這本書將大大造福做投資理財的芸芸眾生。

　　洪博士是我的大學學長，高我 4 屆，所以在大學時我和他根本無緣見面。直到我進入美國聖地牙哥加利福尼亞大學（UC, San Diego）讀博士班，他又是我的學長，這才相識。

　　當時，他已經快畢業了，但他會帶我們這些菜鳥去買菜、一起吃飯，也帶我遊了 San Diego 的幾個景點。幾次下來，我才有機會深入認識這位見聞廣博、經歷豐富且志向恢弘的學長。

　　洪博士拿到博士學位後不像一般畢業生，就汲汲營營朝純學術圈邁進，或找份大學教職，而是往華爾街（Wall Stree）發展。他先是在美國花旗銀行（Citibank, N.A）及帝國儲貸工作，後轉到野村證券商業不動產（URBANNET）部門服務。他放假或是公出有機會回學校探望老師、朋友

時，常給我們講述華爾街的趣事，增廣了我們很多的見聞。

羅伯‧恩格爾（Robert F. Engle）是他博士論文的指導教授，跟我的指導教授克萊夫格‧蘭哲（Clive W. J. Granger）共同摘下 2003 年諾貝爾經濟學獎的桂冠。可是 2002 年時，羅伯教授已經掛職在紐約大學史登商學院（NYU Stern School of Business）擔任講座教授。

雖然 UC, San Diego 仍幫他留了辦公室及系上教授的職稱，但是學界的人都知道他已經轉到紐約大學。因此 2003 年諾貝爾經濟獎公佈時，羅伯‧恩格爾就是幫紐約大學沾光，而不是讓系上享受雙倍光榮。

對我們這些 UC, San Diego 的校友來說，實在非常可惜。畢竟羅伯教授在劉大中院士的指導之下， 1969 年從康乃爾（Cornell University）拿到博士學位後，除了頭幾年曾短暫地在麻省理工學院（MIT）教書外，一直就是在 UC, San Diego 任教。

而說起羅伯教授會轉到紐約大學，讓 UC, San Diego 和雙倍殊榮失之交臂，就不免要「怪」洪哲雄博士了。因為他在華爾街表現太好，90 年代，野村證券商業不動產部門不但是美國不動產證券化的龍頭，更被財星雜誌（Fortune）美譽為商業不動產的開創先驅。

洪博士藉由在野村任職的機會，深入研究資產證券化的

發行、交易以及風險控管，並在有了獨到的功夫後，就與野村證券合作創立「超越債券（Beyondbond）財務科技投資顧問公司」，並且親自擔任總裁一職，在華爾街大展身手。

因此，可以說洪博士在華爾街跟紐約大學幫羅伯教授打下了一些基礎，所以羅伯才會離開 UC, San Diego。只是時間太湊巧，以至於我們這些系友、校友都為母校抱不平，認為就好像煮熟的鴨子飛了（若一切如果能夠晚半年多好）。

洪博士憑藉個人扎實的學術訓練，對金融市場變化的敏感度很高。最為同業所津津樂道的，是他曾預測到 2008 年的全球金融危機，自此之後，來自世界各地的產官學界演講與諮詢邀約不斷，他也成為紐約大學波動率研究所 VLab 的科研教授，和中國科學院數據中心的客座教授，並自 2008年以來，持續支持紐約大學波動率研究所科研中心系統性風險項目。

2011 年，他的「超越債券」公司與中國科學院聯合成立研究中心（RiskLab）。自 2012 年以來，洪博士一直致力於對金融大數據模式識別的研究，和金融自算法的應用開發，他以自學演算法解構證券投資，對理論與實務界都有極大的貢獻。

本書是洪博士觀察時局下嘔心瀝血的新作。他從台股與美股的區別說起，帶領讀者進入選股判斷與投資邏輯，分享

他的實戰經驗。

之後，他以總體經濟的角度，分析全球經濟的最大隱憂，點出老年化與低利率時代的困境。然後探討當今國際情勢下，香港反送中與背後的經濟問題，及美中貿易戰如何影響股市的走向及台灣的未來。

有了這些鋪陳，他就能畫龍點睛地提出未來的投資方向及亮點，辨別新創企業觀察的「黑名單」與「白名單」。

最後一章，洪博士針對 Covid-19 疫情的變化與影響，提出他的看法。最值得注意的是，洪博士提出台灣應該成為一個新的數位（貨幣）金融特區自由港，在此特區內允許外幣進出，並發行數位貨幣，可以自由兌換美金與台幣在特區內使用。

若能成功，台灣可以代替香港，成為全球美元銀行間貨幣市場的新自由港，讓台灣成為全球貨幣電子交易的領頭羊，拉動台灣的經濟。

這一個獨特的見解，來自於洪博士一直有顆愛台灣的心，積極為台灣找尋新的出路。總之，要瞭解洪博士這本橫空出世的重磅巨作，請讀者靜下心來，沖泡一杯好的咖啡，然後一起細細品味書中的微言大義，保證您收穫良多。

前言

從市場剖析到實際操盤，
讓你第一次買美股就獲利！

　　撰寫這本書對我來說完全是一場意外，在過去20多年，我主要的投資經驗都是在金融機構中從事有關投資的量化工作，負責的基本上多數是與科技、數學、統計有極大關聯的業務。尤其在過去的6年，我更是在人工智能的研究領域上耗費大量的時間，嘗試探討它應用於股市交易的可行性。

　　自從2008年金融海嘯的低點以後，美國股市開始一路上漲，我們公司的團隊也在3年前推出一款APP，特別針對美國股市的投資，利用人工智能與其他統計方法，進行量化與即時操盤的工作。它的表現令人滿意，年報酬率超過100%。當然，這也要歸功於美國股市大盤在過去3年不斷地創新高。

　　這幾年，我陸續在台灣發表一系列的演講，也和不少金融機構、大專院校進行交流。在這個過程中，我發現即使是在網路資訊無比發達的今日，因為時差、距離、語言文化差

異，台灣一般民眾對美國股市與產業面的資訊還是很陌生。大多數的台灣投資人通常只認識比較知名的幾家科技大廠，像是亞馬遜、谷歌、蘋果。

於是，只有在談論股票投資的技術面分析時，我們的想法還能互相交流，若是涉及有關產業價值、個股財報分析的國際金融資訊，甚或是報章雜誌上與利率、匯率等有關的財經消息面，很少看到台灣人以全球局勢的邏輯思維，思考投資策略與方向。

由邏輯思維推論出的結果，或許不見得能讓投資獲利，但理性思考方向有助於釐清事實、以邏輯為基礎推演出想像力，進而分辨哪些是邏輯分析的結論，哪些是消息面的情緒反應或天馬行空的樂觀。

▶▶▶美股現在是不是太高？

美過去 3 年，許多剛開始接觸美股的民眾都會問我：「美股現在是不是太高？」那麼，我們先來聊聊這個問題。

截至 2017 年底，美股已經連續上漲 8 年，那時候中美貿易戰還沒爆發，但中美局勢與關稅危機早已初見端倪，因此不少投資人擔心景氣循環是否已經進入衰退期？倘若國際景氣開始下滑，即便對美股有興趣，是否會陷入在最高點買入的陷阱？因此，「選時」變成一個值得謹慎思考的問題。

關於這個問題，首先要回到我寫這本書的初衷。在撰稿的過程中，我發現利用財報比較基本面、採取全球總體趨勢方針，會比用量化模型來解釋，更容易讓投資大眾瞭解美股，更有助於彼此在溝通上找到一個很好的平衡點。

因此，針對選時的觀點，我在第一章中，以長期投資者的角度，用標普 500 指數（Standard & Poor's 500，簡稱：標普 500，S&P500）在過去 60 年的收益為例，和投資人分享我們的發現：在任何一個時間點買入美股，15 年後的總報酬至少都近 1 倍。

在這個架構下，全書的內容將以美股的介紹與選股為主軸，以事實、邏輯、想像力為架構，暢談投資人該怎麼判斷美股市場裡的邏輯與概念，並將其運用於想像力，來思考市場上的資訊當中，有哪些是事實、哪些只是消息面？如何從企業財報、全球趨勢及想像力中，找到 IPO 這類新興股票市場裡的明日之星。

▶▶▶找到新的投資獲利模式

本書共有六大章，其中的章節次序皆有脈絡可循。從介紹美股基本狀況、建立選股邏輯，到分享實際操盤案例等，逐漸帶入。第一章我們討論「選時」的迷思，比較美股與台股過去的投資表現，以鴻海與蘋果為例，探討為什麼與其在

台灣買蘋果概念股，不如直接投資美股中的蘋果。

第二章將開宗明義地正式介紹美股，並在探討選股的過程中，與投資人分享，如何從基本面做到最後的技術分析結果。第三章將分享過去兩年實際操作的投資案例，像是超微半導體與星巴克，都是大家耳熟能詳的國際企業。

特別一提，在新上市企業的投資案例中，MongoDB 是很好的標的。MongoDB 是一家提供「非傳統資料庫」的企業，自 2017 第四季上市開始，我們就一路看好它，而它的股價表現甚至遠遠超乎預期，兩年內就從每股 25 美元上漲到最高點 180 美元，到目前為止仍有 150 美元左右的價值，等於為我們創造出 6 倍以上的利潤。

不過，這樣的 IPO 案例比較特殊，因此我在本書的選股案例中沒有特別強調它。雖然 MongoDB 確實是很值得投資的標的，但不管是多麼看好的股票，資產配置仍然是投資決策中非常重要的一環，應該以 5% 作為投資上限去考量。

從第四章起，我們以全球人口紅利的制高點，提出全面的長期觀點，探討在低利率時代中已開發國家的人口老化現象，解釋低利率的必然性以及它如何影響未來全球投資走勢。

此外，我們的生活早已無法與科技脫鉤，不論是在目前或是未來，對科技產業的投資將扮演最關鍵的角色。然而，

許多科技產業乍聽起來很強，而且看似商機無限，但過一段時間後再檢視，傳奇卻早已淪為傳說，股價上漲更是曇花一現。要分辨該產業是泡沫一族還是明日之星，往往像是一個不可能的任務。

舉例來說，1998 至 2000 年最火紅的網際網路，在 2001 年一夕間泡沫化，造成網路股崩盤。亞馬遜的股價，當時甚至從 400 美元一路跌到只剩 10 美元，但現在每股 1,800 美元。如果當時果斷買入，不愁吃穿過好幾輩子根本不是問題。

只是這樣的例子畢竟少之又少。事實上，那時候很多網路相關企業都撐不下去而陣亡，但直現在網際網路成為非常重要的里程碑，它在 2000 年歷經達康泡沫後能一路飛漲，表示這項技術深具有未來性，只是被短期炒作的性質太高，才會讓人避而遠之。

我重提網際網路當做例子，也是因為人工智能、雲端，或是其他常聽到與未來趨勢相關的產業鏈，將如何形成，將對哪些領域帶來好處或衝擊，都值得我們探討。

除了網際網路，「共享」也是目前非常盛行的概念。比如優步、來福車，都屬於這種類型的企業，很值得關注。至於最近本來要上市卻出問題，而無法如期發行的共享空間，也是這個產業鏈的一員。「共享」產業的前景確實值得期待，但投資人就算是看好它，還是要設法找到相關事實線索。

幾年前，在材料學領域中十分火紅的石墨烯（Graphene）產業，有如 1970 年代的塑膠應用，席捲整個產業鏈，從電池、導電、防彈衣到防鏽漆無所不包，市場普遍認為幾乎沒有一個產業不跟它有所關聯。

但到目前為止，沒有任何一家企業的股價因為石墨烯的應用而飛漲，這究竟是工業應用的量化製程出現瓶頸，還是根本沒有利用價值？對我們來說，情況跟前面提到的 MongoDB 類似，只能等到真正應用該科技的產品在市場上受到青睞，才值得進場投資。這部分牽涉到有關未來投資亮點的觀察，將在本書最後一章中特別提到。

本書將從過去一路講到未來。雖然我們不是創投，無法直接參與一級市場的投資，但是在次級市場裡，可以探討在面對剛 IPO 上市的新創企業，與上市超過 5 年的企業時，應該如何在兩者之間找到平衡點？從現有大型基金與媒體的推薦當中，運用自身邏輯進行適當的篩選。

他山之石可以攻錯。德國的鐵血首相俾斯麥也說：「愚者從自己的失敗中吸取教訓，智者從別人的失敗中吸取教訓。」同樣的道理，我們可以觀察知名基金每一季的投資組合，試著找到值得學習的經驗與教訓。

畢竟，即使是當代績效最佳的投資銀行，也有做出錯誤決策的時候，而成功的投資經驗往往也會出現所謂的「倖存

者偏差」。有時候，投資講究的是天時、地利、人和，不見得相同的方法在每個時刻都適用，錯誤的投資經驗更值得大家警惕。

這本書能夠完成，要感謝和我合作的 APP 團隊，以及投資機構給予建議，還有這一路上所有台灣投資者與使用者所回饋的想法，讓我們理解到除了機器量化的方式之外，還存在許多不只限於電腦研發出的投資邏輯。這都需要透過人與人溝通的過程來慢慢積累。

這本書以敘事的方式談論投資美股這件事，我期望此書能成為我們與一般股民溝通的橋樑，讓讀者可以透過其中的介紹與簡單的邏輯，打開投資美股的大門，更能夠找到新的獲利模式。

Chapter

1

為什麼不買台股，
要投資美股？

1-1

台股整體格局，
會限制長期投資的回報

　　這本書主要是寫給想投資美國股市的台灣投資人。為什麼我會特意推薦美股，尤其是在美中貿易戰如此敏感的時間點？究竟比起台股，選擇美股會讓我們獲得什麼樣的好處？

　　綜觀國際整體情勢，自 2018 年中美貿易戰開始，雖然市場普遍認為全球經濟將因此元氣大傷，但 2 年過去，標普500 指數實際共上漲了 10%，不曾下跌。即便中間有不少空頭的問題，整體而言美股仍是屢創新高。相對於美股，陸股在過去 2 年反而下跌 13%。

　　再回到台股。一般投資人在講台股時，因為台灣是以產業代工為主的國家，投資台股，很容易聯想到以整個產業代工鏈龍頭所形成的概念股。

　　假使先撇開概念股來看的話，單比較美股指數與台股指數在過去 30 年的表現，其實可以觀察到 2 件事：

　　首先，台股真的可以說是慘不忍睹。因為 30 年前，台股就已經漲到 12,000 點，而直到現在也才不過剛剛跌破 11,000 點；反觀標普 500 指數，在 30 年前只有 300 點左右，卻已經成長到 30,000 點的規模，2 個股市完全不可同日而語。即使以 15 年的範圍來做比較，美股仍然表現較佳。（見下頁圖表 1-1）

　　但很多投資人還是會感到畏怯，理由是因為覺得美國市場陌生，也不知道怎麼進場買賣美股，幸運的是我們處在網路時代，透過網路，不只能在國內找到可以做複委託的券商，在國外，也可以找到如富達投資（Fidelity）這樣的折扣經紀商（Discount Broker）協助開戶。尤其外國人在美國投資股市是不需要扣繳資本利得稅的，更是一大利多。

　　再者，正如前面我們提到的，在看台股的時候有所謂「產業概念股」的觀念，以美國蘋果股票為例，鴻海是蘋果在台灣最大的代工廠，如果拿它與蘋果過去 20 年的表現來做比較，鴻海的股價總共上漲了 2.5 倍，蘋果卻上漲了 60 倍！即使是從 2015 年開始，鴻海下跌 25%，蘋果依然上漲了 1 倍，其股價表現和鴻海相比，簡直不可同日而語。（見下頁圖表 1-2）

　　這代表意鴻海的股票即使有漲也是有限，加上它的代工多在中國大陸完成，對台灣本身的經濟貢獻有限，所以過去

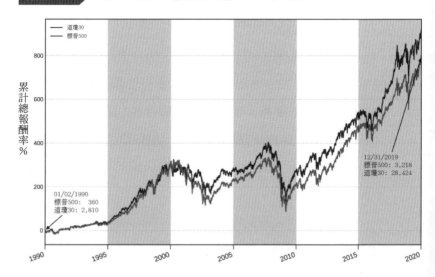

圖表 1-1　標準普爾與道瓊指數過去 30 年走勢

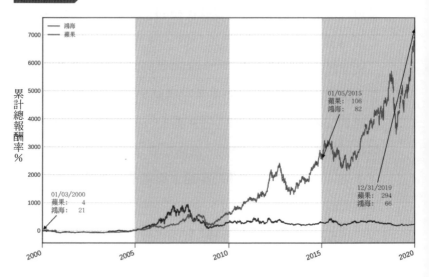

圖表 1-2　蘋果與鴻海股價表現

5 年鴻海的股票不升反降。

換言之，相對於蘋果的股價表現，選擇蘋果概念股去買鴻海所能得到的獲利，與直接買龍頭老大的蘋果股，簡直是天差地遠。這個時候你還不買美股、選擇買所謂概念股的鴻海嗎？

 ## 總想尋找低點、避開高點？
你得打破景氣循環迷思

若單從景氣循環的角度來看，過去 10 年美股已經漲得非常多了，很多觀望中的投資人會問：「美股現在是不是漲過頭？如果市場已經走到景氣上升期的末端，下滑的風險是不是也開始增大？」

回顧過去 60 年，全球景氣幾乎每 10 至 15 年總會出現一次循環，所以，在 2001、2008 年時，資本市場都有過因景氣下跌造成的景氣循環現象。那麼，眼下會不會再出現一個新的循環點？

在過去 5 年間，這個問題幾乎年年都會被提到。對景氣循環理論的信仰者來說，就算標普 500 這幾年上漲近50%，但既然在 5 年前就選擇停止投資，現在更是買不下手。然而面對低利率，以及財富經過 5 年也沒有因為股市上漲而

累積，恐怕不禁感到扼腕，也不知道未來該怎麼進行投資。

其實，股市投資就像儲蓄，要抱持著長期累積資本的態度。雖然 2008 年的金融海嘯造成景氣大循環，難免讓人擔心在最高點買入後就開始崩盤，事實上，如果你的投資超過 10 年以上，即使買入的時機是最高點，換算成 10 年的報酬率，肯定還是比定存要好很多。

再以標普 500 指數為例，若你投資該指數基金 15 年，基本上不管是在哪一天進場，就算在最高點的那一天，15 年後你仍然能夠得到 50%以上的獲利。這在過去 60 年內，不管哪個時段都是有效的。這麼好的報酬率，放眼全世界的股市，沒有第 2 個國家可以比得上。

而且，因為投資就像儲蓄是積累，很少人會只投資一天再等 15 年後才來兌現，而是隨時都會不斷注資，譬如一個投資人從 35 歲開始進場，一直到 50 歲，當他開始要使用這些錢時，累積的報酬率將會超過 100％！如此可見，還有什麼比投資美股更有保障的嗎？

把投資美股當作是一種長期儲蓄，等於每個月都定期儲蓄一部分的錢在美股上，15 年後，平均將得到超過 1 倍以上、甚至 8 倍的利潤，也就是你的平均年收益率可以超過 8％。

這樣子的投資報酬率，比任何的定存都來得好。畢竟，

圖表 1-3 　　標普 500 指數，15 年持有加總報酬率

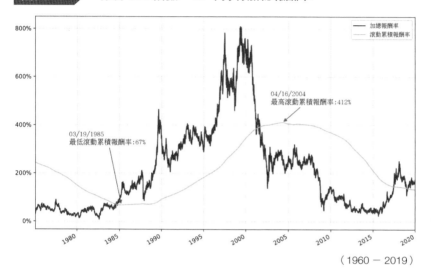

（1960 － 2019）

現在幾乎沒有哪家銀行定存的利率可以超過 5%，更何況是 8%。（見圖表 1-3）

 投資美股就是站在制高點，獲利翻倍絕非難事

所以，我們在推薦美股投資時，也建議投資人將它視作長期戰，這個觀念和選擇對台灣股民尤其重要，也是現在全球投資的趨勢。只有美股可以回收近倍報酬率，因此投資美

股，絕對是提升未來長期投資獲利最好的制高點，對投資台股也有助益。

由於美股屬於多數全球產業代工鏈的龍頭，台灣許多科技股產業波動皆受到美國龍頭股的影響，在分析哪一些美股可以投資的同時，原本持有的台股投資也能間接得利。

當你開始認識美國的利率、美元指數、失業率走向與美股關係時，不但將開始瞭解美國市場的總體經濟，同時進一步認清相關國際金融局勢，以及全球的經濟走向的因素，從而推斷到這些因素與台灣股市的關係。

1-2

關注總市值 25 兆美元的 領頭羊──標普 500 指數

　　想認識美國股市，要注意 2 件事情：首先，如何分辨美國產業和選股；其次，美國總體經濟與國際金融如何影響美國股市。

　　美國是全球政治、經濟與軍事的龍頭，任何對美國經濟造成影響的風吹草動，譬如國際金融、總體經濟、地緣政治、利率及匯率等多方面的消息與變化，都會體現在美股上，進而影響全球股市。針對這些變化以及它們跟股市的互動關係，我們在後面的章節也會逐一介紹。

　　讓我們回到正題。什麼叫做「美國股市」？首先，美股的產業分類，與台股一樣是證交所自己分的。美國當然也有證管會自己分類的產業。

　　美國股市的產業分類，依照標準普爾使用「GICS」的分類方法，分為 11 大類。這 11 個產業，是一般大眾入場投

資時比較常用來作認定的分類。另外，除了常見的標普 500
指數、道瓊工業平均指數（DJI，簡稱道瓊指數）的一些綜
合指數，一般而言，還有基金指數以及針對各個產業的指
數，以及各式各樣的指數型基金 ETF，來作為投資標的物。
（見圖表 1-4）

圖表 1-4　**美股 GIC 產業分類與標普 500 對應下的 ETF**

產業類別（Sector）	相關ETF基金
非日常消費品類（Consumer Discretionary）	XLY
日常消費品業（Consumer Staples）	XLP
能源業（Energy）	XLE
金融行業（Financials）	XLF
醫療保健類（Health Care）	XLV
傳統工業類（Industrials）	XLI
高科技業（Information Technology）	XLK
基礎材料（Materials）	XLB
地產業（Real Estate）	XLRE
電信類（Communication）	XTL
公共事業類（Utilities）	XLU

　　有時候當你看到產業面，是否也會懷疑它們到底是不是

你應該投資的方向？除此之外，有些綜合型指數像標普500，基本上，是搜集了美國前500大企業，當然有些企業突然市值增大，所以不見得馬上會納入指數裡面。另外有些美國大型企業不見得在美國上市，也不會歸納在美國的指數裡。現下，就有好幾個美國藥廠轉到倫敦上市（這些企業都不在本書討論的範圍內）。

一般提到的標普500，總市值約25兆美元，在美國大約7,000家的上市企業裡面，是相對比較重要的500家，它們的漲跌有時候也許不是最大的，但絕對是會最受到投資法人的關注，股票的流動性相對也比較好。

譬如其中的前3大：微軟（Microsoft，券證代號：MSFT）、蘋果、亞馬遜，市值都破兆。這些超大型企業很容易就牽動整體指數走勢，因此投資人注入的錢，在指數上的變化其實都與這幾家企業有很大的關聯。

另外，美國也有一般類似台灣的概念股，如FAANG（Facebook、Apple、Amazon、Netflix、Google，指的就是臉書、蘋果、亞馬遜、奈飛、谷歌），在過去10年，股價也飛速成長。你或許會納悶，其中為什麼沒有微軟？因為在2016年前，微軟的股價並沒有那麼受到矚目，直到更換CEO以後更專注雲端事業，近4年才開始大漲，進而受到市場的關注。

比較值得注意的是，不管是 FAANG 或者是前 5 大企業都屬於科技股，由此可知為何這個產業在美國一枝獨秀，甚至過去 20 年來佔股市比例不斷上漲，與通訊業加起來佔美國股市的 1/3。

 ## 美國各領域的龍頭企業，是實質影響股價走勢的關鍵

標普 500 中的 500 家企業，不僅總市值高達 25 兆美元，全年的收益加總亦超過 13 兆美元，相當於美國 GDP 產值的 2/3，是我們投資美國股市時（不管個股或產業），必須認識且考慮的標的。這些全球最優秀、在各自領域呼風喚雨的產業龍頭，才是真正影響美股走勢的關鍵。

過去 10 年來，美股中眾多企業的財報大部分都比預期來得好，營收成長也很明顯反映在指數上，相較之下，台灣股市幾乎全是看台積電的表現上下浮動。因為市值不到 1 兆美元，台股許多股票的流動性更容易受到主力炒作。

在下一章，我們將根據「事實」、「邏輯」、「想像力」三部曲，說明如何進行「選股判斷與投資邏輯」，並以過去 2 年實際幾檔美股操作，來做為實戰經驗的分享。

此外，面對未來景氣的市場因素，我們將點出未來全球

經濟的最大隱憂——低利率時代的來臨，以及當前美中貿易戰、香港反送中所引發的全球資金走向，分析如何從國際情勢判斷股市的走向。

事實上，觀察國際金融的一些重要指標，例如美國發佈 GDP 產值公報、通貨膨脹率指數，甚至是聯準會宣佈降息，都是我們常見的總體經濟的市場因素。降息當然會影響市場的需求，可是有時候就算沒有降息，僅是 30 年長天期利率下滑低於 3 個月殖利率，造成一整個利率曲線的倒掛反轉，亦會造成市場的恐慌效應。

這些所謂消息面的市場因素，是情緒反應或是真有長期經濟影響？將如何決定美國股市走向，同時會影響到哪些市場？這些都是在以下幾個章節裡，我們希望能向各位投資人分享的重點。

與其選台灣的概念股，不如直接買美國未來投資亮點

當然，既然這本書談論如何投資美國股市，有關新創企業、美國大型資產管理公司的投資邏輯，以及美國財經媒體關注的企業，才是我們在探討未來投資亮點時必須要討論的。

在過去 20 年間，美股不僅有臉書、谷歌、特斯拉等美國新創科技股頻出，2019 年新上市的優步（證券代號：UBER）、來福車（證券代號：Lyft）等企業，也一再吸引全球目光。對比台灣僅剩台積電、宏碁這些國際老品牌，美股新創企業已變成不同的投資亮點。在次級市場裡，面對才剛 IPO 上市的新創企業，以及那些上市超過 5 年以上的企業，兩者之間應該如何找到平衡點？我們將運用從美國證管會取得的知名基金資料，參考每一季投資組合，試著從投資成敗裡找到值得學習的經驗與教訓。

當然，即使是當代績效最佳的投資銀行也難免決策錯誤，所謂「成功的投資經驗」，往往會出現「倖存者偏差」，畢竟，投資有時候講究的是天時、地利、人和，同樣的方法，不見得在每個時刻都能適用。但錯誤的投資經驗，亦是最好的警惕。在未來投資亮點觀察的章節中，我們也會陸續舉幾個大型知名基金的投資模式，與各位讀者一起分享。

除了上述的要點，還必須提到一個「Bonus」，就是香港反送中事件。從美中貿易戰以來，它對台灣經濟就是另一個大利多。受到美中貿易戰的影響，美國開始增加對台友好動作，最實際直接的作為就是 2019 年 10 月中，美國國務院（等同台灣行政院）率商務部、農業部、外交部，共同發表一封給美國前 500 大企業的公開信，希望它們能到台灣多投

資、多採購。

這封公開信讓許多中國資金回流台灣，美國流入的資金也在快速增加當中，像是美光、微軟、谷歌等企業，在台灣都有不少新的投資案。這也代表不久的將來，台灣也許會出現谷歌概念股、臉書概念股或新的美光概念股。

問題是，到底該投資這些所謂的概念股？直接投資美光？或是投資與美光有關聯的台灣 DRAM 半導體？假使直接投資半導體，是要選英特爾（Intel Corporation，證券代號：INTC）還是超微（Advanced Devices，證券代號：AMD）？

本書特別以英特爾與超微來做例子，希望讓讀者們不只瞭解概念股，對直接投資美股與其產業鏈也可以有更多想法。

接下來，我將逐一繼續為各位述說，該如何投資一枝獨秀的美股。

NOTE

NOTE

Chapter **2**

美股投資戰略：
從建立選股邏輯
到發掘趨勢

2-1

別讓情緒主導判斷！
你得學會選股三部曲

　　一般來說，正常的選股邏輯，應該先從瞭解公司主要的業務以及產業背景開始，接著，再觀察它長期的價格表現（從 5 年、1 年、3 個月，再到最近 2 週），並留意 5 年內各個季度的營收、財報狀況和市值資訊等，標的物也最好是處在股市交易熱絡的黃金區域內。

　　建議新進場的投資人，可以參考標普 500，依照上述這些重點資訊，再搭配近期的市場狀態，小心地推測出該公司未來可能的發展和願景，最後，再來判斷是否值得去投資。新創企業或剛 IPO 的公司則不在此限。它們缺乏足夠的歷史資料做判斷，關於這部分，我們後續再講解該如何投資這類型的股票。

「事實」是最根本的依據，該蒐集哪些資訊才對？

大多數投資人買股票時，往往缺少一套邏輯清楚、條理分明的選股方法，甚至經常讓感性操縱理性，陷入相當情緒化的投資模式，無法冷靜下來思考。這樣的例子不勝枚舉。

投資人可能只看到新聞或網路上的片面資訊，就相信某種產業、某間公司真的前景大好，貿然進場，又或者被某些報章雜誌、經濟專家的「嚴重警告」影響，錯以為大空頭時代即將來臨，一夕之間把所有庫存部位全數出清、果斷做空，卻因此錯過長期投資優質股票的時機！明明本應該是買低賣高的豐碩成果，最後竟變成追高殺低的惡性循環，長期下來不要說是賺錢，還有很大的機率血本無歸。

這種情況有時難以避免，即使是專業金融機構的基金經理人，甚至是擁有多年投資經驗的操盤手，一旦稍有疏忽就會馬前失蹄！尤其在槓桿操作下，更可能賠到精光。

為了防止前述的慘劇一再發生，我建議投資人在做出決策前，先冷靜思考一下，是不是已搜集到足夠的「事實」，足以做出正確判斷？

這裡指的事實，包含公司主要業務、產業背景、財報營收、市值以及當下的市場狀態等，例如，所選的股票是否在

主要指數之內？目前國際利率和匯率的變化如何？這類型的資訊都是能影響股價的關鍵因素之一。特別是在美股這種規模龐大的市場中，可以選擇的標的物數也數不完！如果能夠盡可能搜集越多的事實來參考，不但能對選擇個股有所幫助，針對未來的股價判斷上也會相對準確許多！

不過，投資市場上和個股相關的事實資訊實在太多，到底什麼對我們有用、什麼沒用，如果沒有深入去瞭解進行判斷的話，搜集再多的事實，對選股也無濟於事。

此外，在做完詳細的事實推理之後，也必須對持股抱持所謂的「想像空間」——有機會跌到多少、漲到多少，都應該經過充分完整的事實，再加上後續的推理、想像，才能得出最後的投資結論。

所以，事實可說是選股最必要也最基礎的環節。投資人若能理性地根據事實去思考，不但選股的思路會比較清晰，不容易被情緒影響，獲利的機率也會相對提高不少。

那麼，具體上該怎麼執行，「搜集事實」這個步驟？回顧 10 年前的美國股市，除了專業的基金經理人，一般散戶很難接觸到上市企業的財務資訊，所以在選擇個股時，想要找到完整揭露、公開透明的企業營運信息，可沒有那麼簡單。

事實上在那個年代，即便是專業的投資機構，有時也必

須透過許多管道和人脈取得消息，才能夠真正掌握公司的內部狀況並仔細評估是否值得投資。

不過，在資訊公開透明的今日，搜集上市公司財務資料早已不像以往那樣困難，即便是遠在海外的美股市場，身在台灣的投資人只需要輕鬆連上搜尋引擎，找到幾個美國政府的官方網站，如美國證券交易委員會（United States Securities and Exchange Commission，縮寫：SEC）、聯邦準備理事會（The Federal Reserve System，縮寫：FED），打出主要關鍵字後，網站上的公開資料，馬上就能成為我們的選股武器之一。

當然這裡指的資料，不是某些財經節目、電視名嘴的主觀推薦與分析，而是相對客觀的事實陳述，如同前面提到的營收狀況、價格表現、公司背景，當下市場的狀態等等。這裡要再強調一個重點，我不是要教各位怎麼建立各種管道，像大型投顧機構毫不缺漏地找出每間公司的資料，接著加以分析、統計，而是希望站在大眾的角度，用最簡單、有效率的方式，儘可能搜集到輔助投資判斷的「事實」。

具體而言，透過美國的維基百科、雅虎奇摩股市線上查詢資料、美國證管會、聯準會的網頁等，即便是原文資料，在搭配翻譯以後，通常就能很快地擷取我們所需的目標事實，同時加以消化理解，轉變為實用的投資資訊。

用「邏輯」橫向比較來挑選，再縱向比較抓準時機

有了明確事實作為選股依據以後，緊接著，就是要運用脈絡清楚的邏輯去進行思考。所謂邏輯判斷，則又可以細分為「橫向比較」的選股、「縱向比較」的時間點進出 2 種。

● **橫向比較：**

指個股之間短期與長期的本益比、報酬率相互比較，找到彼此間的優勢及劣勢，選出投資價值最高的產業或個股。

● **縱向比較：**

其意義是把單一個股目前的表現，拿來和過去的狀況相比，找出是否有成長或者是衰退的跡象。具體來說，如同在時間軸上抓取歷史資料進行邏輯性的趨勢分析（（比如 K 線圖分析、迴歸分析，或者是機器學習），進而推估出未來可能的發展。

基本上，橫向邏輯推理是一種「相對性」的分析概念，把個股與同業或者其他個股相比以後，投資人才能清楚知道，眼前這檔股票究竟值不值得關注。也就是說，如果某一產業裡有許多個股可以選擇，那橫向比較的目的，就是能夠

讓我們針對「可不可以選？」的問題，去做出合理的判斷。

但即使選到的是最好的股票，如果時間點不對（譬如整個市場在中長期呈現下跌趨勢），那我們在操作上也只會偏向關注，而非實際進場。所以縱向比較，就是能針對單一個股或是市場的趨勢表現，根據時間軸的前後狀態去作對比，讓投資人判斷現在到底是不是「好」的進出場時機。

舉個例子，如果今天你想投資美股標普 500 中的半導體產業，那自然得把當前標普 500 內的半導體公司納進來，做橫向比較。通常為了確保投資標的物的流動性，並提升選股效率，投資人都會以知名度較高、規模較大的前幾間龍頭企業，做為主要的觀察對象。換言之，英特爾、超微半導體、輝達（NVIDIA Corporation ，證券代號：NVDA）這 3 家熱門半導體公司，就會成為美股觀察名單內的首要目標。

在確認值得關注的標的物以後，下一步驟就是仔細去考量三者的財報、線圖、營收、產品及技術狀況，還有近期新聞消息，再根據這些資訊選出較理想的個股，不過要特別注意的是：**所謂的「選」並不等同於確定要「買」！買與不買的決定，還需要個別利用縱向比較來確認！**

簡單來說，在評估過 3 家公司的狀況以後，若認為超微半導體是最具上漲潛力的個股，就得把超微目前的表現拿來和過去進行比較。

　　假設超微的獲利能力，今年比往年水準多增加了至少 2 到 3 倍，而且公司體質變化不算太大，但股價卻依然維持在低檔的水平，可以合理推斷出超微目前可能處於股價被「低估」的狀態。投資者可根據其目前的獲利方式，推算其合理的目標價，利用近期的多空新聞來進行波段買賣操作。

　　要特別提醒各位，在選股的過程中，必須盡量把其他同業的相關資訊，或是把產業現況還有當下的經濟環境也納進來參考，才會相對比較客觀一些。

　　再以超微為例，投資人可以先觀察半導體產業的近況，並參考競爭對手英特爾與輝達的營收資訊，搞不好看到最後，會發現 3 家公司明明是提供一樣的產品與服務，超微卻賺得沒有比往年多、成長得也沒有同業快，又或者是整個半導體產業都在走下坡。

　　若是如此，投資人有什麼客觀的理由會去選擇超微？當然是想辦法改從英特爾或輝達之間挑選一家最強的投資，或者是趕緊更換目標產業，選擇其他比較有前景的產業類型。

　　有時候選股的樂趣就在這裡。我們可能會因為時事、新聞推薦或某些小道消息（內線交易不在此列），特別青睞某一檔個股，但如果經過細心地比較與評估，搭配合乎邏輯的思考與想像，搞不好會在這個過程中發現其他價值更高，更值得我們投資的公司。

別忘記，在每個產業裡面都存在著許多公司彼此互相競爭。同樣地，若從投資配置的觀點出發，產業之間對於投資者也存在著彼此競爭的關係。如果只看過單一間公司的片面資訊，缺少與其他同業競爭者或是整體產業的大環境進行比較的過程，也許就沒有辦法選出勝率相對較高，獲利更加豐厚的個股或產業！

 ## 「想像力」是基於絕對性的分析，而非空中樓閣的臆測

在參考完明確的事實，也進行過橫向與縱向的邏輯判斷以後，最後一個關鍵環節，就是想像力的部分了！

想像力為什麼會這麼重要？我們會願意花錢買進一支股票，無非是對它的未來有期待。這種期待，或許是基於它當下非常亮眼的獲利表現，也可能是該股票已下跌到谷底，預期股價有機會反彈，總而言之，既然決定進場某檔標的，投資人總得根據事實和邏輯的判斷，作出合理的預期與想像。

那麼問題來了，該怎麼區分「合理」或「不合理」？舉例來說，我目前正好在關注半導體產業的 2 檔個股，分別是股價 50 美元左右、市值約 2,000 億美金的龍頭企業英特爾，

以及股價大約在 30 美元出頭,但市值僅 300 多億美金的超微半導體。

假設在近期內,龍頭老大英特爾的營收和股價皆不變的情況下,超微的營收卻向上成長了約 1 倍,繳出漂亮的經營表現,若預期這種狀況可以持續,就可以合理地推估超微的市值有從 300 億美元躍升到 600 億,甚至 1,000 億美元以上的潛力,因此我進場持有。

但即使英特爾的營收也像超微一樣成長了 1 倍,我都不太可能會有「英特爾的市值也可以成長 1 倍」這種不合理的想像。因為市場短期內的胃容量有限,不可能都呈倍數性成長,在這裡所謂的合理性,既是表現在獲利成長曲線與股價的互動關係,但是也受限於整個市場需求的胃容量。

所以,規模比較小的公司成長曲線相對於大公司而言,又來得快速一些,因為小公司的快速成長,對於整個市場的胃容量所造成的影響,並不如市場龍頭老大那麼地有分量。

雖然上述的情境只是個簡單的舉例,但其中的概念卻是選股時絕對需要具備的基本技能。第一,我們闡述了個股的事實,比如股價、市值、營收;第二,預期營收成長 1 倍而且可以持續,這些都是屬於想像力的範疇;第三,由於市值大小的限制,超微可以因為營收而呈倍數性成長,反之半導體龍頭老大英特爾的股價,呈倍數性成長機會就小了許多,

是屬於邏輯的陳述。

根據上述 3 點，我們最不該有的投資心態，就是明明持股今年只成長了 10％的營收，卻想要它可以擁有 10 倍以上的漲幅，或者是對營收持續破底、前景毫無曙光的公司，還抱持著谷底反彈的期望。

換言之，如何辨識哪些是明確的事實，並作為基礎去預測未來的合理股價，不讓自己的情緒凌駕於理性之上，任意擴張不合理的想像空間，才不會錯過許多絕佳的波段進出機會、甚至最後賺錢抱到賠錢。

其實在正常選股的過程中，想像力應該要是屬於「絕對性」的分析模式，而不是空中樓閣式的臆測，也就是你必須根據事實和邏輯來做基礎預測出合理數值空間，而不是僅限於單純多空方向的判斷，要不然股市永遠就只有漲跟跌、50％機率對半分、誰來喊不是都一樣嗎？

如果是某些因為產業題材的概念股而受青睞的股票，我們就必須判斷哪些事實可以佐證這個概念，然後哪些是想像空間的成長，以及事實和想像空間的成長之間，是否有關聯性？就算有相關，在股價上的成長能夠達到倍數性的關係嗎？這些就是我們一再強調的選股三部曲：事實、邏輯、想像力。

總而言之，事實、邏輯、想像力三部曲，不僅是我認為

在選股這門學問中最基本也最關鍵的元素，也可以廣泛應用於每件事情的判斷上，而不是只有在選股時才拿出來使用。

此外，三者的使用順序也相當重要。投資人因擴張不合理的想像、貿然進場，中間完全不用邏輯思考，賠完錢回來才看到慘不忍睹的事實，開始後悔莫及，這都是我們想要避免的。因此在投資股票的時候一定要有自己的既定框架，不要因為看到幾則利多新聞，馬上就開始胡亂發揮想像力，沒有基礎地去預測漲跌！

更多關於事實、邏輯、想像力的運用，後續我們會透過許多實際案例來講解。相信只要學會這三部曲、按部就班操作，任何投資者都能慢慢發展出脈絡清晰、合理又實用的選股方式。

2-2
跨越「選股範圍」與 「先決條件」2 大門檻

　　在建立「事實、邏輯與想像力」3 大選股架構之後，接下來要先確定 2 個門檻，就是選股範圍與先決條件。我從事證券工作這麼多年以來，通常習慣先設定地段（Location），也就是究竟該在哪裡買賣股票？

　　細想一下，光是台股上市櫃公司就有 1,600 家左右，光要從裡面找出幾間不錯的公司來研究投資，就已經夠累人了！更何況是規模更大的美國股市，隨便算一下，單單已上市的公司就超過 7,000 家，加上 ETF 後甚至會超過 20,000 檔，如果真的一檔檔慢慢挑，不曉得要經過多年才找得到適合的標的。

哪裡是蛋黃區？找尋市值大、流動性高且交易頻繁的市場

其實不管是台股或是美股，上市櫃公司的數目都相當龐大，因此建議各位在選股之前，可以先縮小範圍，把目光先放在俗稱的「蛋黃區」裡。說到這裡，可能很多人會好奇**蛋黃區是什麼？簡單來說就是市值較大、流動性高、交易頻繁的「主要市場」。**

以台股的例子來看，在超過 1,600 多檔的上市櫃公司裡，我會優先以交易熱絡、資訊比較公開透明的「上市公司」作為主要範圍，來挑選股票。此外，它們相較於上櫃與興櫃股票來說，通常市值較高、財務狀況較健全，當然不見得是全都一樣，但起碼踩到地雷的機率能降低不少！

而且，這樣我們需要關注的公司數量，就會從 1,600 多家瞬間縮減到 900 多家，不只選股效率更佳，也可以讓自己更專注於產業的分析和個股挑選！

當然，想要把範圍縮到更小也完全沒問題，像是只關注台灣 50 指數成分股、中型 100 成分股，也是可行的做法。

如果把同樣的概念放到美股來，所謂的蛋黃區，指的便是檯面上那些最熱門的指數，裡頭的各類成分股正是我們的首要目標！我個人比較推薦各位關注道瓊或是標普 500 裡的

公司。

畢竟，相較其他蛋黃區外的股票，它們不但資訊更公開透明，營收和企業的體質通常也比較穩定。即便因為策略錯誤，而不小心買到地雷股，也不太需要會擔心找不到人來接手。

最重要的是，假設你只投資標普 500 指數裡的個股好了，你在選股的考慮上，就只需要針對這 500 檔去思考，相較於原來的 7,000 甚至 20,000 多檔，豈不是更有效率？

 ## 要考慮市值，篩選出被低估或每年給固定報酬的企業

既然已經確定選股的範圍，接下來要考慮的第 2 要素，就是「Market Cap」，也就是俗稱的「市值」。在前面的章節，我們提過，如果股票市值太小，除了有下市的風險以外，也很容易會成為大戶炒作的對象，導致正常邏輯的買賣策略失靈；而選擇的股票市值若是太大，其實對散戶來說也不見得會是件好事。

以標普 500 為例，市值的範圍是在 30 億美金到 1 兆不等，超過 1,000 美金的公司大約有 60 家左右，一般市值介於 30 億至 100 億美金的公司屬於中型股，所以標普 500 內

的公司基本上都是中型股以上的規模，這也是相當值得我們去關注的蛋黃區。

除了這些蛋黃區，由於台灣的地緣關係，我們對一些大中華地區的中概股比如台積電 ADR、阿里巴巴、百度也會特別注意，但要小心很多中概股的市值遠遠小於 30 億美元，有些甚至連 10 億美元都不到，很容易成為炒作目標，投資者往往以為自己所擁有的小道消息，其實只是一個想像空間，並沒有事實更沒有邏輯的連結點。

我為什麼這麼說？相信各位之所以會想主動學習「選股」，無非是希望能在茫茫的股海中，找出那些具有龐大的價值與成長性，但價格相對被「低估」的潛力公司，或是想篩選出體質穩健、適合存股，每年都有固定報酬入袋的績優企業。

針對這兩種不同的選股方向，股票的市值往往能夠在其中扮演關鍵的角色，協助我們做出更精準的選股判斷！

舉個例子：美股龍頭亞馬遜公司在 2019 年的股價，大約是在 1,500 到 2,000 美元之間遊走，市值更高達 8,000 多億美元以上，但大多數人很難想像，其實它在 10 年前，每股就連 100 美元都不到。

如果從當年亞馬遜股東的角度來看，它就是一個近乎完美的成長股投資案例，但是對這幾年才買進亞馬遜的投資人

而言，股價的「想像空間」還能夠有多少？

　　一間公司的股價高低，通常會反映在其價值與獲利能力上面，也就是說已經貴為全球最大零售業之一的亞馬遜，如果想讓股價繼續呈倍數成長，就必須再創造比目前多上好幾倍的商機或獲利才有機會。

　　但是這件事情會發生的機率，絕對遠比當年亞馬遜的崛起要來得低許多。因為整個零售市場需求的胃容量有限，而亞馬遜早已是零售業市場上的龍頭老大，除非它在其他行業市場也開始擴充，就像它的雲端事業，擴充的領域是屬於科技產業。

　　其實單就技術能力、獲利表現以及對未來趨勢的掌握來看，僅就 2019 上半年來計算，亞馬遜的投資報酬率也達到30％，相對應其龐大的市值比較起來，仍然是目前檯面上相當值得投資的優質公司。

　　只是股價不僅提高它的進場門檻，高達 8,000 億美元的市值，也讓投資人對股價成長的「高期望報酬」有所降低，在希望選出「高成長股」的散戶眼中，並不會是個最合適的選項，還不如把時間花在找出下一個亞馬遜上，比較可能有機會賺到更多的報酬！

想像力需要風險控管，該如何配置大型股與中型股的比例？

接下來要提到的，就是大家最關注的重點了，如果市值不能太高也不能太低，那到底要投資多少市值的個股，比較適？以我個人在美股投資多年的經驗來看，市值介於 50 億到 100 億美元之間的中型股，通常會有較大的想像空間，1,000 億美元以上的大型股，則具有較穩定的成長空間。

一般而言，我們還是會把超過 6 成以上的資金放在大型股上，只有最多 4 成的資金，會選擇放在中型股做風險控管的配置。

中型股既不會低到具有下市的風險存在，也不必過於擔心股價被有心人炒作，向上成長的空間過低，能夠在安全的範圍內保持合理的想像空間，更有利於我們選出具有潛力與商機、值得期待的未來之星。

因此，我特別整理出在標普 500 中，共計 40 家、市值介於 80 億至 110 億美元之間的公司名單，讓各位在投資美股時能有個依據。當然，市值的多寡只是協助判斷的事實之一，實務上還是要考慮到各個面向，才能做出比較精確合理的選擇（見圖表 2-1）。

圖表 2-1　**標普 500 市值介於 80-110 億美元公司名單**

證券 代號	收盤價	本益比	市值 $	產業類別	公司
WU	26.19	10.09	10,978,217,984	高科技產業	西聯匯款
TSCO	92.66	20.32	10,948,335,616	非日常消費品類	拖拉機供應公司
AAP	157.99	25.59	10,942,292,992	非日用消費品類	進部汽車零件
PKI	98.48	46.94	10,941,227,008	醫療保健類	珀金埃爾默
MRO	13.66	12.56	10,927,030,272	能源類	馬拉松石油
LKQ	35.61	25.65	10,911,580,160	非日用消費品類	LKQ 公司
ROL	33.20	53.38	10,871,073,792	傳統工業類	Rollins.inc
AVY	129.23	46.40	10,791,078,912	基礎材料	艾利丹尼森
EMN	78.71	14.31	10,702,228,480	基礎材料	伊斯曼化工
MYL	20.58	228.67	10,622,016,512	醫療保健類	麥蘭醫藥
PKG	110.48	13.69	10,457,805,824	基礎材料	美國包裝公司
CHRW	77.26	16.12	10,449,415,168	傳統工業類	羅賓遜全球
PHM	38.48	11.74	10,426,724,352	非日用消費品類	帕爾迪
HII	253.66	17.31	10,374,795,264	傳統工業類	杭廷頓英高產業
REG	61.81	37.44	10,357,131,264	地產業	攝政中心公司
ETFC	45.80	11.08	10,346,952,704	金融行業	ETFC 金融
CMA	71.55	9.06	10,314,219,520	金融行業	聯信銀行

證券代號	收盤價	本益比	市值 $	產業類別	公司
TXT	45.14	12.32	10,303,792,128	傳統工業類	德事隆
NI	27.16	21.99	10,145,455,104	公共事業類	NI 能源
CF	46.24	21.35	10,054,055,936	基礎材料	CF 行業控股
PNW	88.68	19.96	9,968,607,232	公共事業類	巔峰西方資本
DVN	25.77	7.77	9,898,257,408	能源類	戴文能源
HSIC	67.03	20.24	9,835,248,640	醫療保健類	亨利香恩服務
NRG	38.72	10.18	9,741,719,552	公共事業類	NRG 能源
NOV	25.07		9,672,808,448	能源類	國民油井華高
DVA	75.01	29.31	9,609,680,896	醫療保健類	達維塔保健
MHK	134.12	2.69	9,605,968,896	非日用消費品類	莫霍克工業
APA	25.19		9,472,347,136	能源類	阿帕契
FRT	125.11	39.62	9,448,657,920	地產業	聯邦房地產投資信託
FTI	21.28		9,397,018,624	能源業	FMC 科技
DXC	36.54		9,354,167,296	高科技業	DXC 科技
WHR	147.30	8.88	9,309,330,432	非日用消費品類	惠而浦
SNA	168.95	13.59	9,266,282,496	傳統工業類	施耐庵
UAA	21.62	87.18	9,208,369,152	非日用消費品類	安德阿莫 A 股

證券代號	收盤價	本益比	市值 $	產業類別	公司
UA	19.13	77.14	9,175,857,152	非日用消費品類	安德阿莫 C 股
FBHS	65.23	22.36	9,076,820,992	傳統工業類	財富家居安全
BWA	43.75	12.01	9,034,067,968	非日用消費品類	博格華納
ZION	52.23	12.23	8,903,334,912	金融行業	齊昂銀行
RL	118.60	20.99	8,849,132,544	非日用消費品類	拉夫 · 勞倫
IPG	22.51	13.41	8,725,908,480	非日用消費品類	埃培智

2-3

發掘「產業趨勢」，
鎖定最適合的標的

有了「蛋黃區」與「市值」的概念以後，在選擇個股以前，還有一件相當重要的事情要釐清，也就是到底什麼樣的「產業」才適合我們投資？

以我個人來說，比較偏好投資未來具有經濟和環境遠見的產業，以及與人口統計學和自動化相關的服務業，理由就跟選蛋黃區一樣。

至於遠見與自動化又代表什麼？要怎麼找到它？簡單來說，要把我們剛學會的事實、邏輯與想像力，運用在這個環節上面！

首先是事實的部分，要用邏輯判斷一件事情以前，就要先瞭解它的真實數據。比方說，為何普遍認為高齡化社會是未來的主流？因為根據各國的統計資料顯示，全球的老年人口比例確實正在急速上升中，而且沒有趨緩的現象。

在這個邏輯架構下，我們就可以假設並想像高齡化社會將會是未來的趨勢。如果把同樣的觀念套用在選擇產業上，又要怎麼去進行判斷？我們就廢話不多說，直接先來看數據和圖表吧！（見圖表 2-2）

圖表 2-2 ▶ **標普 500 指數產業與近年表現**

部門名稱	上次修改（last change）01:33／年／月／日 01/02/20220	12/31/2019								
		1天	5天	1個月	三個月	YTD	1年	3年	5年	10年
資料科技	+1.20%	+0.38%	+0.58%	+4.42%	+14.00%	+48.40%	+49.45%	+99.41%	+130.06%	+329.86%
工業	+0.77%	+0.03%	-0.68%	-0.16%	+4.99%	+26.83%	+28.10%	+27.79%	+39.90%	+179.26%
通訊服務	+0.66%	+0.20%	-0.30%	+1.91%	+8.60%	+30.88%	+31.25%	+2.85%	+17.60%	+56.90%
能源	+0.63%	+0.68%	-0.18%	+5.82%	+4.42%	+7.64%	+8.12%	-17.68%%	-22.77%	+5.26%
非必需品消費	+0.50%	+0.15%	+1.04%	+2.65%	+4.12%	+26.20%	+27.58%	+52.25%	+71.59%	+315.45%
金融	+0.49%	+0.29%	+0.41%	+2.49%	+9.85%	+29.17%	+30.44%	+32.30%	+51.56%	+162.93%
醫療保健	-0.37%	+0.30%	-0.51%	+3.44%	+13.88%	+18.68%	+20.33%	+49.10%	+48.56%	+224.25%
必需品消費	-0.99%	+0.06%	+0.03%	+2.03%	+2.79%	+23.97%	+24.47%	+21.66%	+27.92%	+133.18%
原物料	-1.13%	+0.75%	+0.057%	+2.83%	+5.81%	+21.87%	+22.84%	+23.61%	+25.13%	+90.69%
房地產	-1.50%	+0.64%	+1.58%	+0.79%	-1.35%	+24.93%	+24.97%	+26.33%	--	--
公共事業	-1.59%	+0.52%	+1.03%	+3.14%	-0.04%	+22.24%	+22.48%	+33.03%	+34.22%	+104.67%
標普 500 指數	+0.27%	+0.29%	+0.21%	+2.86%	+8.35%	+28.88%	+29.97%	+44.31%	+55.30%	+186.82%

（來源：Fidelity）

活用蛋黃區的概念，分析標普 500 指數的產業分佈

為了充分活用蛋黃區的概念，我們就先從美股中個股數量較少的標普 500 開始！下表是目前美股標普 500 裡的產業類別，共有原物料（Materials）、醫療保健（Health Care）、通訊服務（Communication Services）、資訊科技（Information Technology）、金融（Financials）、能源（Energy）、工業（Industrials）、必需品消費（Consumer Staples）、非必需品消費（Consumer Discretionary）、公共事業（Utilities）、房地產（Real Estate）等 11 項，幾乎已經完整涵蓋了生活中可見的所有公司類型（見圖表 2-2）。

當然，能被選進標普 500 裡的公司，在各自的產業領域都是全球知名的菁英品牌，不但選擇起來沒那麼複雜，企業個體的素質也相對高出普通公司許多。

接著是目前標普 500 個股的產業比重，我們可以清楚看到，就當前美股標普 500 中的比例而言，佔比最多、高達 23 % 左右就是大家熟知的資訊科技業（Information Technology），如果把通訊領域（Communication Services）也加進來計算，等於 500 家企業裡面就有 3 成以上屬於科技通訊業，完全就是現代主流產業的最佳代表（見圖表 2-3）。

圖表 2-3　　**標普 500 產業比重**

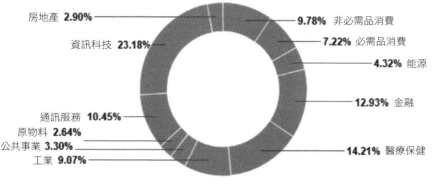

房地產 2.90%

資訊科技 23.18%

通訊服務 10.45%

原物料 2.64%

公共事業 3.30%

工業 9.07%

9.78% 非必需品消費

7.22% 必需品消費

4.32% 能源

12.93% 金融

14.21% 醫療保健

（來源：Fidelity）

如果和 20 年前比較，這個比重整整增加 10%，這 10% 大多是來自於原來的金融業。事實上，並不是金融業的規模縮小，而是科技業擴大了在各個產業的服務範圍。

 ## 怎麼預測具有未來遠景的產業？
你得做好 2 件事

這時候，值得思考的問題就來了，如果單從現有從事實層面來看，科技業個股，確實是當前值得投資的主流選項，不過就邏輯和想像力來說，未來的科技股還會不會維持著現在的比重、甚至是繼續往上提升？

以我個人的觀點來看，**想要預測未來，最簡單的方法，就是用正常的邏輯來檢視過去的事實，同時搭配現況去想像未來**！如果把全世界的所有產業比喻成一塊大圓餅，科技業想要增加比例，勢必得有產業減少，對吧？

仔細觀察近 20 年來，標普 500 的產業分佈變化，我們可以清楚地知道，在 1999 年到 2000 年之間，資訊科技類股的市值，曾經一度佔標普 500 總值約 3 成以上，不過，大多數受到投資人所青睞的科技公司，其高昂的股價多半不是反應在實際營收，而是對未來價值的預期。

因此，在 2000 年知名的達康泡沫以後，科技股於標普 500 的佔比一路驟減，最低甚至來到 15％以下，在這之後則由金融類股接替了指數中最具價值的龍頭寶座。

不過，在往後的 20 年間，經歷了亞馬遜、臉書的崛起、以及微軟、蘋果等老牌公司的爆發性成長，科技業挾帶著亮眼的營收表現，緩步收復失土。

特別是在 2008 年金融海嘯以後，金融類股應聲倒地，資訊科技類股則是持續地向上爬升，並於 2010 年後始終保持在 2 成左右的水準，而且整體產業的營收成長還正在逐漸增加，沒有出現明顯衰退的趨勢。

對於看似正常的產業循環，不知道你有沒有發現，其實最近 10 年來，因為網際網路的快速發展，幾乎已讓所有的

產業都與通訊、資訊科技息息相關，其中更是不乏目前國際上人人皆知的龍頭品牌。

舉例來說，以線上書店和零售業起家，現為全球最大跨國電子商務企業的亞馬遜，或是原來專注個人電腦研發與製造，如今轉型為主攻消費電子領域的蘋果公司。

侵略性強且掌握 AI 技術的科技股，最具成長潛力

因為科技的應用領域實在太過廣泛，導致科技產業本身的侵略性相當強！可以深度地與其他產業互相結合，甚至蠶食掉其他產業原來的佔比。舉個例子，最近這幾年各家銀行大力推行的「Fintech」（金融科技），就是相當鮮明的標的！

當眾多傳統金融業者面臨到網路科技所帶來的衝擊，出現營收下滑、規模縮減的警訊後，勢必得強迫自己進行數位轉型，結合網路科技的優勢擴展出新的技術與服務，才能重新建立起獲利穩健，符合時代潮流的營運模式，諸如網路銀行、行動支付、AI 技術的運用等，全都是未來商業的趨勢。

但也正是因為這樣的轉型，使得傳統金融的定位變得模糊，甚至有許多公司開始被重新歸類為科技產業，讓標普500 內的金融股佔比，從 2008 年的金融海嘯以後，一路砍

半來到 12％左右的低點，其中我相信至少有 1/3 都早已經被吸收，成為科技業的一部分。

事實上，所謂 AI 技術的應用，基本上是一種以自動化機器來取代服務業，類似在 20 世紀初年，以自動化機器來取代勞力密集的製造業，兩者之間的最大相似性，就是資本密集能產生的效應遠遠大於勞力跟腦力。

綜合許多歷史數據以及上面得出的推論後，我認為**在未來可預見的 20 年內，掌握主流自動化技術、侵略性極強的科技產業以及對未來消費者型態具有遠見的產業，會有相當大幅度的成長空間。**

因此，這些年來我投資的股票類型，各行各業都有所涉略，像是運動領域龍頭耐吉（Nike，證券代號：NKE）、知名咖啡品牌星巴克等等，或是科技產業，大多數都與自動化或者是有遠見型的消費相關，不過對於能源股，筆者則持相當的保留意見。

我不碰能源股！因為有通縮、高齡化與被炒作等因素

我之所以對能源股持有保留意見，主要是因為**未來 5 年，通縮環境與全球人口老化的模式已經成型，**加上油頁岩

的產能可無限供應以及全球暖化的環保思考，過去的能源股的「缺油」，淪為炒作的性質太高。

　　舉最常見的石油為例子來看，由中東產油國家組成的OPEC（石油輸出國家組織）幾乎每過一定的週期，就會向國際市場放出石油產量即將不足的消息，但實際上能源真的有短缺的問題嗎？我認為並非如此。

　　過去石油的市場處於壟斷的狀態，所以可以透過新聞來拉抬或操縱油價，增加成員國的收入，但現在由於美國已經積極研發開採油頁岩的技術，讓美國從石油淨輸入國變成淨輸出國。

　　也就是說，石油缺乏就長期來看，事實上是個假議題，中間的所有短期起伏，只不過是石油輸出國家和輸入國家互相角力的結果罷了。

　　因此，能源股在缺乏未來願景和成長空間的情況下，可說是完全不符合我長期選股邏輯的選項。

　　不管是選產業或者是選股都必須有一個觀念：當一項產品被特定人士或族群掌握以後，就很難在市場上看出它的真實價值。

　　以再生能源來說，環保議題確實是必須被關注、也值得投資的項目，只是就投資的觀點而言，再生能源的最大問題就是容易受到政府的保護與補助，一旦補助消失，往往便呈

現崩盤，這種與政策性有關的投資，時機很難以邏輯去判斷，容易被小道消息左右。

幾年前在台股非常風光，吸引許多人投資的太陽能類股，想必大家都有所耳聞吧？如果你仔細對照它現在的慘況，應該就能明白，為什麼我總是不碰能源股。

NOTE

Chapter 3

美股實戰技巧：
我教你存股 3 年賺 3 倍

3-1

轉型成功！用創新技術
區隔市場——超微半導體

在我的投資觀念裡，「優質股票」需要具備的2大條件：首先，對自家企業的「獲利模式」要具有遠見；其次，公司的領導階層也必須向市場展現出值得信任的「執行力」！

所謂的獲利模式，就是一家企業如何創造主要營收的方法，舉例來說，星巴克的正常獲利模式是該品牌咖啡的銷售，咖啡賣得好，營收自然就高。但群眾對消費的需求，有可能會逐漸改變。

假設有一天大家都不喝咖啡了，星巴克就必須思考如何改變它的獲利模式，以確保營收不會衰退，甚至還能持續創新高。

同樣地，一間營運超過10年以上的公司，如何決定有效的獲利模式？我認為有2種方式，分別是「願景型」和「轉型」。

　　就願景型而言，譬如星巴克，企業化等同引領一股喝咖啡的新潮流，重新定位咖啡代表的生活質感與步調，讓消費者產生不同的願景與期待，願意買單。再舉個例子，品牌鞋耐吉對球鞋也是屬於願景型的產業，不僅是單純的球鞋製作。

　　轉型是企業願意嘗試新的技術去抓住未來趨勢，因此推出不一樣的獲利模式，開拓另一塊市場。就像超微，它不在單一晶片上與英特爾一較高下，搶坐老大、老二，而是另闢蹊徑投入多元繪圖卡晶片的製程，提高 AI 與遊戲的同步運行功能，搶下未來人工智慧應用的龐大市場。

　　所以在選股時，我特別喜歡願景股（Vision Stock）和轉型股（Transforming Stock），因為這代表企業對自身的獲利模式有遠見和想像，不守舊、不會淪為被時代淘汰的對象。但不管是想要轉型或是對未來有願景，能否成功主要是看領導階層的執行力，以及事後實際的成效。

　　為了讓各位更瞭解這 2 種股票類型，接下來我將舉出自身操作的經驗，提供一些有助選股判斷的線索和技巧！

不跟英特爾硬拚，
用多元 GPU 搶佔電競與 AI 市場

超微半導體是僅次於英特爾的老牌美股、歷史悠久，但到了 2011 年，股價卻一口氣探底，跌破 2 元。

痛定思痛的超微，在 2014 年時改由台裔企業家蘇姿豐（Lisa Su）領軍，管理階層開始針對公司的產品技術進行一連串改革，不再以英特爾的單一晶片發展方向為競爭目標，開始發展多元化繪圖卡的晶片技術，希望透過完整的技術轉型，和同業的英特爾做出市場區隔，打出另一片天。

就我看來，企業轉型是相當不錯的投資機會，尤其超微股價連年低潮，假設它能完成亮眼的轉型，股價上升是可以預見的。

果然 2016 年至 2018 年，超微鋪陳多年的轉型成果逐漸發酵，不只帶動本業營收大幅增長，還從虧損公司搖身一變成為十分賺錢的企業，股價更一路躍升到 10 元以上。

如此巨大的漲幅，讓這檔嘗試轉型的中小型股票（Transforming Stock）引起投資人的興趣，也讓我開始關注它的多元繪圖卡晶片技術。

這項技術不僅被使用在遊戲上，在人工智能方面也獲得廣泛的注意。此外，中國廣大晶片市場所使用的人工智能晶

圖表 3-1　　**超微半導體近 4 年股價走勢**

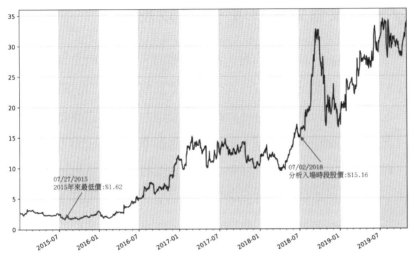

07/27/2015
2015年來最低價：$1.62

07/02/2018
分析入場時段股價：$15.16

（來源：Yahoo Finance）

片，幾乎都與輝達和超微有關，注定長期擁抱超微的報酬想像空間非常有利。

　　我們很幸運，在 2018 年開始持有超微以後，就獲得呈倍數以上的報酬，甚至創下維持每股 30 美元以上的亮眼表現。即使 2019 年美中貿易戰影響股價波動，它的財報與強項技術還是足可支撐股價，我們仍透過波段操作賺取不小的獲利。（見圖表 3-1）

　　接下來，讓我再就如何透過事實、邏輯、想像力 3 步驟，分享當時如何成功進場、投資獲利。

買股關鍵在於基本面，
要看營收表現、EPS 以及……

　　決定投資一家企業前最先需要搞懂的，就是它的檔案與獲利模式。超微是一家專注於微處理器及相關技術設計的全球半導體公司，內部共有計算機與圖形兩大部門，主要產品及業務為電腦中央處理器（CPU）和圖形處理器（GPU）。它在市場上的競爭對手是耳熟能詳的國際品牌，英特爾及輝達。這 3 家企業都是目前全球公認的 CPU、GPU 市場龍頭。

　　以上這些資料，除了超微官網外，也可在維基百科或雅虎網站上取得，或是利用證管會的網頁資料庫，需要中文版本參考，也可以查詢 Google 翻譯。

　　換言之，超微最大的競爭對手，是同列在標普 500 的英特爾和輝達，因此**在觀察它的市值、股價表現和營收狀況時，最好能夠把整體產業指數的狀況，和這兩家的表現都納入考量，在相互比較後理性、客觀地選擇最有利的標的。**

　　一般而言，能被選入標普 500 的股票，最低的基本市值起碼都是從 30 億美元起跳，半數以上更超過 230 億，達上千億美元的也有大約 60 多間（一般稱為巨型股），全是一般人耳熟能詳的國際知名企業，比如微軟、蘋果，目前的市值就已經超過 1 兆美元。

在 2018 年時，超微的股價介於每股 10 至 15 美元左右，雖然是標普 500 裡相當熱門的科技股之一，不過市值只大約落在 120 多億美元，屬於比較小的中型股，和同樣產業類型的公司，譬如市值超過 2,000 多億美元的英特爾，或 1,000 多億美元的輝達相比，落差很大。

但這項「事實」，卻間接提供我一個充足的「想像空間」。假設今天超微的營收表現足夠優異，能撐起更高的股價，就算想短短幾年內漲到 5 倍、超越英特爾是有點太誇大，但至少有機會從 300 億成長到 600 億、甚至 1,000 億美元，對吧？

在這個假設的前提之下，我開始尋找超微所有事實中的蛛絲馬跡，希望從中找到值得投資的亮點！針對事實的部分，我認為最大的關鍵是基本面的資訊，諸如營收表現、每股盈餘（EPS）、企業營運模式和公司未來發展的方向。至於技術面分析，相對於長期持有來說就比較次要，通常只是進出場的一個依據而已。

為何能轉虧為盈？
因為不同的獲利模式與執行力

既然已經確定好主要的事實目標，我們就先以 2018 年

為基準，觀察超微近 4 年的營收表現。

根據（圖表 3-2），可以很明顯看到近 4 年來超微逐漸轉虧為盈，特別是在 2017、2018 年度，雙雙交出漂亮的營收成績。和 2016 年的慘況相比，這間公司不只毛利（Gross Profit）成長超過 2 倍，淨損益（Operating Income or Loss）還從原來的 –383,000，一路飆升到 496,000。若拿 2018 年與前年相比，甚至有將近 4 倍的巨幅差距。

一家企業的營收會有如此大的差距，絕對有原因。我特別去瞭解並追蹤了一下，截至 2013 年，連續的虧損讓超微的營運持續低迷，獲利成長完全比不上競爭對手英特爾。因為超微過去主要的研發方向，是講究單一晶片的處理速率如何做到更快、更高，但技術上一直無法突破、超越英特爾。如果繼續走這條路，最後只會落得退出市場，甚至更嚴重的後果。

就在此時，超微發現圖形處理器在市場上的需求不斷提升，特別是在電競產業蓬勃發展的階段，這項技術扮演十分重要的角色。以它為市場的輝達，就是當時這塊領域的最大受益者。

為什麼有效的圖形處理器會如此受到遊戲業重視？因為畫面的流暢度，對玩遊戲的人來說非常重要，但傳統單一晶片因為受限於摩爾定律，就算可以每 2 年增快 1 倍的速度，

圖表 3-2 超微半導體 2015 － 2018 年營收表現

以千元計	每年度		每季度	
損益表				
營業收入	12/20/2018	12/30/2017	12/31/2016	12/26/2015
總收入	6,475,000	5,253,000	4,319,000	3,991,000
營業成本	3,983,000	3,466,000	3,316,000	2,911,000
營業毛利	2,482,000	1,787,000	1,000,000	1,000,000
營業費用				
研發費用	1,434,000	1,196,000	1,008,000	947,000
銷售，總務及行政費用	582,000	516,000	466,000	482,000
非經常性費用	-	-		
其他	-	-52,000	-88,000	-88,000
總營業費用	5,979,000	5,126,000	4,702,000	4,343,000
營業利潤或損失	496,000	127,000	-383,000	-352,000

來源：Yahoo Finance

也很難跟上多人線上遊戲運行所要求的規格。

多元圖形處理器最受重視的功能，就是它可以分工進行同步運算，並快速進行繪圖，減少顯示卡對於中央處理器的依賴，分擔原本屬於中央處理器的部分工作，大幅增加電腦運行的速率。

舉個更容易懂的例子，假設今天有一大片的草原需要除草，你認為一台快速的大型除草機比較快，還是找 100 台小型除草機更好？顯而易見，如果合作得好，分工除草的效率自然會更高。

以此類推，多元圖形處理器是既分工又能合作的同步運算。事實證明，圖形處理器能夠做的事情，不僅限於電競產業裡的繪圖領域，還可以被更廣泛的應用（2015 年後，圖形處理器在大數據、人工智能分工運算的分析與應用上，取得巨大擴展）。電競產業只不過是一個初始的起點，真正潛藏的龐大商機還在後頭。

因此在 2014 年時，超微的新任執行長蘇姿豐決定將產品與技術的重心，從原先中央處理器的研發，轉移到圖形處理器上，不再僅僅是原來單一晶片的開發路線。也是從這個時候開始，超微憑藉著圖形處理器的大量銷售，受到市場的青睞，使它的股價一路水漲船高。

這樣的轉型，在 2 年後讓超微的獲利成果再度顯現，開

始搶佔圖形處理器市場，尤其是在電競及新的人工智能運用上，成功地示範何謂轉型後的營收成長，股價跟著一飛衝天的表現。

根據 2017、2018 年度的營收財報，超微轉型確實成功！不僅如此，超微這一波營收表現，是由於人工智能、大數據加上 5G 物聯網自動化的應用，才開始升級，顯見未來仍有一定的成長空間。

上述有關超微轉型的利多報導，在 2018 年以前的網路資訊、財經新聞中，都可以輕鬆找到。不過即使看好它，投資操作上我還是建議先以保守為主。雖然超微已經從每股 2 美元上漲到 11 元左右，當時我只選擇在 11 元左右進場一些，留下部分資金觀望。

2018 年，我認為未來的最大市場，將是 AI 人工智能以及 5G 物聯網對圖形處理器的巨額需求，那麼超微的股價應該至少有超過 25 美元左右的想像空間。因此，開始在 20 元以下的價位，陸續買進超微。

由於超微積極開發 AI 領域的技術應用與相關產品，如果能夠成功地更上一層樓，股價在 2020 年上看 40 美元的機會越來越高。

 ## 怎麼面對短期波動？
你必須注意經濟整體的變化

　　既然公司價值本身沒問題，那麼接下來應該要注意的，就是總體經濟上的變化。例如 2019 年鬧得沸沸揚揚的美中貿易戰，首當其衝的，毫無疑問就是科技產業，超微更是其中受到不少影響的企業之一，因此，短期消息面的影響與判斷，也非常重要。（見圖表 3-3、圖表 3-4）

　　有時候，很可能美國總統川普一則推特發出來，隔天美股就準備跳水百點伺候，結果再隔天又傳出利多的消息大漲百點，導致短期內的股市波動相當大。

圖表 3-3 ▶ 超微半導體與那斯達克指數績效比較

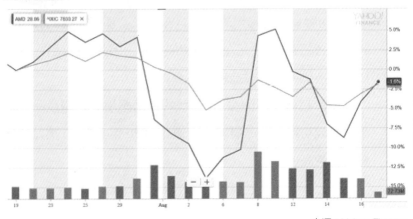

來源：Yahoo Finance

圖表 3-4 超微半導體 2018.Q3 ～ 2019.Q3 營收表現

以千元計	每年度		每季度	
損益表				
營業收入	6/29/2019	3/30/2019	12/29/2018	9/29/2018
總收入	1,531,000	1,272,000	1,491,000	1,653,000
營業成本	910,000	751,000	837,000	992,000
營業毛利	621,000	521,000	582,000	661,000
營業費用				
研發費用	373,000	373,000	371,,000	363,000
銷售，總務及行政費用	189,000	170,000	138,000	148,000
非經常性費用	-	-		
其他	-	-60,000	-60,000	-60,000
總營業費用	1,472,000	1,234,000	1,346,000	1,503,000
營業利潤或損失	59,000	38,000	73,000	150,000

來源：Yahoo Finance

圖表 3-5 超微半導體 **2018.Q3 ～ 2019.Q3 每股盈餘表現**

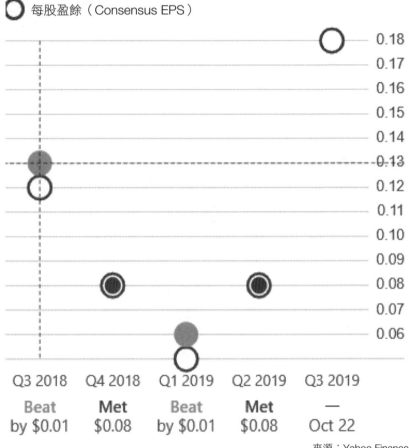

○ 每股盈餘（Consensus EPS）

來源：Yahoo Finance

時間軸再拉到 2019 年前 2 季。超微的整體營收狀況，沒有之前那麼理想，每股盈餘的表現也比較不穩定，所以我開始以 32 元以上為適合獲利了結的點位，進行一連串的波段操作。我選擇在它跌到 28 元左右逐漸加碼，但只要超過 32 元就開始減碼，僅留部分庫存。（見圖表 3-5）

不過，這樣的短線波段型操作有較高的風險，很容易受情緒影響，如果沒有好的技術面模型，與風險控制管理模式，通常我不建議散戶做這樣的波段操作。但只要確信自己選擇的股票是優質的，就不太需要擔心短線波動的問題。

當短期股價受大盤影響而瞬間滑落，有時反而可能是我們難得的進場優質股的絕佳機會。

我活用選股三部曲，進行波段操作持續賺錢

總結超微這檔個股的操作，初期我們會以許多的事實作為判斷依據，比如蛋黃區、市值、營收表現、公司轉型、產業狀況，等到事實足夠以後，再進行邏輯的比較判斷，包含加入英特爾、輝達的市值來橫向比較，以及超微從 2015 年至 2018 年的營收來縱向比較。

再來是想像空間。做過橫向比較之後，我推估超微的市

值具有 2 倍以上成長空間，再根據 2018 年初的營收，推算出超微具有 25 美元期望價值，甚至在未來 3 年內，具有 40 美元以上的潛力。透過成功把產品及技術轉型，即便長期居於個位數價位的股票，也能有超越幾十倍的巨型漲幅。

不過，企業轉型後的股價往往是兩樣情，不是大漲重返榮耀就是大跌淘汰出局。科技日新月異，每年得面臨產品和技術轉型的企業，比比皆是，最大的關鍵是如何從每檔個股數以千計的事實當中，找出適合投資的線索，並利用正常的邏輯和想像力加以判斷。

這裡，我再次跟有心進場的股素人們，分享投資股票多年的老生常談：**遵守操作的紀律、按部就班，相信投資的勝率會被提高，也較不容易受情緒操控。**

知識補給站

美國證管會網頁資料庫可上網搜尋 SEC，進入首頁後選擇 Company Filings，即可進入我們需要的頁面查找個別公司資訊，但內容基本上全是英文資料，建議搭配翻譯吸收理解。

3-2

願景加分！用魅力品牌帶動潮流——星巴克

這一節我們換個主題，來跟各位介紹願景型公司的代表：星巴克。

「星巴克買一送一」、「星冰樂又推出新品」，相信喜歡喝咖啡的朋友們，對於這些句子和那個頭戴皇冠的人魚Logo，肯定一點也不陌生。

星巴克的總部位於華盛頓州西雅圖市（Washington Seattle），自 1992 年在美國開始掛牌上市，現今在全球經營約 30,000 家商店。根據官方介紹，星巴克在全球範圍內，作為特種咖啡的烘焙商、營銷商和零售商橫跨美洲、中國（亞太地區）、歐洲、中東及非洲，都有銷售渠道及發展。它的商店提供各類咖啡、茶飲和食品小吃：如糕點、早餐三明治和午餐。

它的產品包括星巴克、Teavana、Tazo、西雅圖最佳咖

啡、Evolution Fresh、La Boulange、Ethos、星冰樂、星巴克
儲備、Princi、星巴克 Doubleshot、星巴克清新劑和星巴克
VIA 品牌。

以咖啡豆專賣起家，透過優異的手工咖啡品質以及簡約
乾淨的裝潢設計，星巴克迅速成為美國白領階級早午餐生活
風格的時尚代表，加上積極與顧客建立聯繫的營運模式，讓
它由美國境內開始擴張，以複合型商店的模式走向國際並快
速展店，成為目前全球最大的跨國連鎖咖啡店。

2008 年起，星巴克的股價從每股 4 美元左右，一路上
漲至每股 90 美元，創造超過 20 倍以上的驚人漲幅。（見圖
表 3-6）

如果按照星巴克在 2018 年發佈的年報，它除了在全球
75 個國家都設置經銷據點之外，光是直營分店就高達
13,000 多家，而特許經營的分店更有約 14,000 間左右！

是什麼樣的魅力，讓一間咖啡店能夠經營至如此龐大的
規模？又有什麼樣的商機和線索，讓原來專注於科技股的
我，會對它情有獨鍾？

表 3-6　　　星巴克近 4 年股價走勢

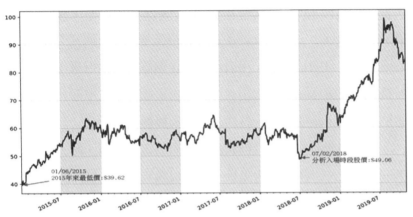

來源：Yahoo Finance

 ## 為何我投資星巴克？
因為明確的品牌定位與企業願景

「為什麼是星巴克？」在前面的篇幅裡，我幾乎都在強調科技股的未來性和重要性，過去的投資操作也都以科技股為主，為何這裡卻突然冒出食品零售業？

其實，**關鍵就在於星巴克相當瞭解自己的品牌定位，對未來趨勢和企業願景的掌握，也完美無瑕。**基於這2個事實，讓我認為它是美股標普 500 中，非常值得投資的優質股票之一。

　　星巴克的成功，並不是偶然。這點只要仔細觀察一下近年全球的飲食文化，就能略知一、二。過去主流飲食文化中最熱門的選項，主食一直是麥當勞、肯德基這類方便又美味的速食，飲料則是雪碧、可口可樂等含糖飲料，但近幾年隨著養生、健康意識逐漸抬頭，可樂不再那麼熱門，取而代之的是水飲料、特種咖啡、各式茶飲以及無糖飲料。

　　因為消費者本身對含糖食品開始有一定的防備，過去人手一塊炸雞、一個漢堡的光景，演變成講究有機、低熱量、零負擔且少加工的輕食。

　　尤其在知識爆炸的網路時代，到處充斥無良商家的訊息，例如：某某品牌為了提升食品的口感、有效期限，在食品內加入許多來路不明的添加物等等。這樣的資訊不斷曝光，更讓消費者對各式各樣大量生產的食物產生戒心！

　　在這個當下，消費者考慮的反而不再只是食物的口感、外觀與價格。企業有沒有標榜注重食物品質、食材的準備過程，甚至烹飪及用餐環境，開始變得相當重要，而星巴克在過去 10 年來，一直都是這類飲食潮流的「願景」領導者。

　　即使每一間星巴克的咖啡店都很忙、很擠，每天大排長龍，但消費者絕不會在任何一間星巴克聞到煙味、肉味、菜味，不會在地板上看到紙屑、垃圾，能感受到的只有咖啡香。

　　星巴克在準備食物時，已經無數次進行空間改善，儘量

避免產生與咖啡衝突的異味。這就是它成功的關鍵原因。

不過，在 2018 年的第 2 季，我開始關注星巴克時，它的股價雖然已經到達 60 美元，卻在 50 至 60 美元的區間中徘徊長達 2 年。至於為什麼我決定買入星巴克？這就要從星巴克的財報分析，以及在中國和全球的拓展計劃開始談起。（見下頁圖表 3-7）

依據財報上的獲利成長近 9%，判斷出股價被低估

從星巴克近 4 年的財報，可以明顯看出它是一間穩健成長的公司，不僅收入逐年增加，毛利也一直呈現逐漸上升的趨勢，幾乎每年都有將近 10% 以上的成長，但股價的表現就沒有這麼亮眼。

從 2015 年年底到 2016、2017 年，星巴克的股價陷入一段很長的停滯期，完全沒有反應到實際的營收成長上，因此我認為星巴克的股價很有可能被低估了。

圖表 3-7 顯示，在這段股價被低估的期間，星巴克積極將版圖擴展至中國、亞太地區，因此締造出廣大的市場和商機，而且不只毛利率比在美國還高，展店的速度也比預期要好許多。

以千元計	每年度		每季度	
損益表				
營業收入	9/30/2018	10/17/2017	10/02/2016	9/27/2015
總收入	24,719,500	22,386,800	21,315,900	19,162,700
營業成本	17,387,700	15,527,600	14,537,300	13,196,600
營業毛利	7,351,800	6,850,200	6,742,600	6,964,100
營業費用				
研發費用	1,755,400	1,450,700	1,408,900	1,196,700
銷售，總務及行政費用	189,000	170,000	138,000	148,000
非經常性費用	-	-		
其他	539,300	-60,000	-60,000	-60,000
總營業費用	20,909,400	18,490,000	17,462,200	15,811,600
營業利潤或損失	3,810,100	3,885,600	3,853,700	3,351,100

（來源：Yahoo Finance）

　　基於這些事實，在 2018 年時，我認為以星巴克連續 3 年總共超過 24％的營收成長表現，加上中國龐大市場的潛在商機，其股價被低估的程度絕對超過 30％。

　　所以，我決定在每股 50 美元時開始進場，一路買入星巴克的股票。很幸運地，這樣的預期在不到半年之內，馬上

🔖 知識補給站

　　由雅虎等常見的股市網站所提供的財報資訊，通常較為精簡，如果想要瞭解個股更詳細的財務報表資料，或者是對外公開的投資人會議等等，可以從美國證管會 SEC 的網頁中，透過 EDGAR 系統來搜尋，或是親自連上個股官網，從投資人頁面中尋找。

　　美國證管會 SEC 網站中，個股相關檔案代碼的意義：10Q ＝季報、10K ＝年報、8K ＝重大事件報告。

【參考資料】

　➤US SEC official site report

https://www.sec.gov/cgi-bin/browse-edgar?CIK=sbux&owner=exclude&action=getcompany&Find=Search

https://www.sec.gov/ix?doc=/Archives/edgar/data/829224/000082922419000024/sbux-3312019x10xq.htm

　➤3rd party earnings report

https://seekingalpha.com/article/4277858-starbucks-corporation-sbux-ceo-kevin-johnson-q3-2019-results-earnings-call-transcript

就被市場給注意到，星巴克股價從 2018 年下半年開始一路
飆升，甚至在 1 年內便已達到 90 美元高價。

 ## 除了鞏固美國地盤，
更拓展商機龐大的亞洲市場

我會給星巴克這麼高的認可，不僅僅因為它的財報，重
點是它的全球拓展計劃，與我所謂的願景型看法一致。以下
我引述一段星巴克 2019 年第 1 季股東會的官方說詞：

第 2 季度，我們計劃在美國 7 個主要市場擴展近 16,00
家商店。我們的第 2 個主要增長市場：中國。 1 年前，我們
整合華東收購，將中國的統一星巴克納入公司運營的市場。
從第 2 季度開始，所有在中國開業 13 個月或更長時間的商
店，都將包含在我們的補償基礎中。

中國本季度的銷售額增長率為 3 ％，高於第 1 季度的
1 ％，與前 3 季度相比，交通流量有顯著改善。當您考慮到
中國折扣的競爭激烈程度，及我們積極的新店開發步伐時，
這種表現，尤其值得注意。

在發展方面，我們在過去 12 個月內開設了 553 家淨新
店，年增長率為 17 ％。重要的是，我們還繼續在這些投資

中實現最佳的盈利能力和回報，這進一步鞏固我們每年維持600家淨新門店的信念，目標是在22財年達到6,000家門店。

我們的優勢，在於咖啡和手工飲料的優質品質。我們在每家商店創造卓越的第三者體驗，並與我們的合作夥伴以及客戶建立深厚的情感聯繫。

從上述的資料，可以看到星巴克除了鞏固並擴張原有的美國市場以外，在全球拓展計劃的發展下，也開始逐漸將營運重心轉往商機龐大的亞太及中國市場。星巴克近年在中國不僅展店速度快，營收成長的幅度也逐年改善，未來擁有的成長空間非常可觀。

這就是為什麼2017年7月，星巴克和統一企業聯合宣佈即將以約13億美元的現金，收購在華東市場的合資夥伴上海統一星巴克咖啡有限公司手中全部的50%的股權，進而獲取江蘇、浙江和上海三地，總共1,300多家門市的所有權，掌握未來在中國發展事業版圖的機會。

表面上，統一企業在這場交易中拿到鉅額的獲利，但實際上因此失去未來在中國龐大的潛在商機。所以，對於美國星巴克來說，13億美元這個價格其實相當划算。

當時星巴克60美元上下的股價，佔美國的市值大約700億美元，在中國的營業額則佔全球總營業額將近10%。

光看營收，中國星巴克的價值最起碼有 70 億美金以上。

換句話說，星巴克要換統一在上海的 50％股權，至少要花費 35 億美金才合理，更何況中國的星巴克是當時全球營收成長最快的區域，所以，對美國星巴克而言，2017 年的這場交易實在是一大利多。

相反地，對統一企業來說除了手上多一些現金以外，未來的成長可能都不見了！也難怪當時不少台灣的投資人感到失望，統一的股價也一度因這件事情大跌。

統一星巴克從 1997 年開始進駐中國上海，用了 20 年左右才打下整個中國市場，在營收與股價上得到不少投資人青睞，可惜卻在星巴克決定全球大展拳腳時，賣掉所有在中國的經營權及股權，未能跟隨星巴克的全球戰略成長，轉型為全球化的食品業巨頭。

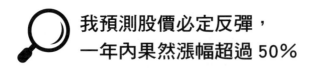

我預測股價必定反彈，一年內果然漲幅超過 50％

我真正進場投資星巴克後，雖然它的獲利與營收狀況保持每年將近 9％的成長，尤其 2017 年選擇在中國收購上海統一星巴克所有股權，對股價更是一大利多，但竟然完全沒有反應在其上。

　　所以，我推斷星巴克的股價明顯是被低估，並認為在 1 年之內，一定會反彈至少 30％，來反應它超過 3 年的營收成長。很幸運地，果然在不到 10 個月之內，星巴克被低估的股價得到市場的認可，開始上升，並達到超過 50％的漲幅，超出我原有的預期。這也算是一種好運。

　　順帶一提，因為星巴克的興起，大約在 2017 年左右，中國出現一支完全國產的咖啡品牌，並有意複製星巴克的成功模式，那就是在 2019 年 5 月於那斯達克上市，目前市值大約 40 億美元的瑞幸咖啡（證券代號：LK）。

　　瑞信從創業到上市只有 18 個月，創造中國企業上市最短的記錄。

　　許多投資者將瑞幸咖啡的出現，視為「中國的星巴克」，對它的股價給予極高的評價和預期，但其實兩家公司是完全不同類型。

　　星巴克是對特種咖啡豆、烘培品質以及飲用咖啡的生活方式，有強烈願景的企業，瑞幸則以它在中國成功展店的模式為基礎，想利用中國的品牌複製這樣的模式，拿燒錢的方式來打民族牌。

　　星巴克之所以成功，不只是因為它的咖啡好喝，講究專業、專注的咖啡風格，更代表美國白領階級的生活格調，並非以價格競爭為前提。所以不管是在美國、中國或台灣，星

巴克的咖啡從來不是平價的代表。

反觀瑞幸，到處發行折價券，平均不到 1 美元就可以買到 1 杯咖啡，只求快速展店、增加市佔率與營收，即使在 18 個月內擴張近 5,000 家店，幾乎超過星巴克整整 1 倍，卻還是入不敷出沒辦法達到營利的目的。

這樣先燒錢把品牌做大的線上購物思維，在非科技業類型的經營模式上到底能不能成功？由於它不是我認為的願景型公司，因此前景有待觀察。

事實上，瑞幸在上市當天雖然炒得非常熱，卻由開盤的 20 美元跌到 17 美元，雖然在 3 個月內曾經上漲到 25 美元，但又跌回 20 美元以下。

 ## 想挑對優質股？
要善用邏輯推斷並發揮想像力

關於邏輯的部分，是基於我們看財報以後，評估出它每年超過 9％的營收成長，再確認同期股價並沒有受到相同的認可，所以覺得它可能被低估，而我們估計的成長，則是星巴克在 1 年內應該要有 30％以上的漲幅。這是我們對星巴克股價的想像力。

當然，事後擁有超過 50％的漲幅有些運氣成分在，但

若是沒有前面的邏輯判斷與想像力的發揮，我們也不會做出正確的預期，因此持有如此優質的股票。

在這節的最後，我們再次與各位投資人分享自身經驗：**挑選優質股票，必須從事實出發，以邏輯推斷加上合理的想像力，才能夠進場持有。**

🅢 知識補給站

【參考資料】

星巴克財報資料與新聞參考來源：

1. 星巴克 2019 年第 3 季財報投資人會議記錄內容（Earnings report transcript）https://investor.starbucks.com/events-and-presentations/current-and-past-events/event-details/2019/Q3-Fiscal-2019-Starbucks-Earnings-Conference-Call/default.aspx

2. 星巴克公司 2019 年第 2 季財務報告 https://stories.starbucks.com/press/2019/starbucks-reports-q2-fiscal-2019-results/

NOTE

NOTE

Chapter 4

掌握經濟脈動，
做好 20 年資產配置

4-1

聯準會祭出量化寬鬆政策，觸發景氣循環

　　股市常會受到總體經濟與國際金融影響。其中幾個因素像是國民所得（GDP）、通貨膨脹（CPI）、利率，都是會影響經濟的重要指標。景氣好或不好，通常指的就是相對於國民所得的成長率。

　　基本上，國民所得若成長提升，表示經濟景氣看好，對市場有正面影響，反之則顯示經濟狀況下滑，將對市場造成負面效應。經濟的好壞，又常會被通貨膨脹、利率漲跌 2 個因素影響。

　　美國過去 30 年的經驗顯示，假設國民所得年平均成長率在 1.5％左右，通膨率大約為 2.46％，而美國的平均年利率，則在 3％上下。如果以標普 500 為例子，股市年成長率則有將近 8％的幅度。（見圖表 4-1）

　　從這些數字的呈現，我們可以對美國的常態經濟水平有

圖表 4-1　**美國過去 30 年 GDP、CPI 成長率**

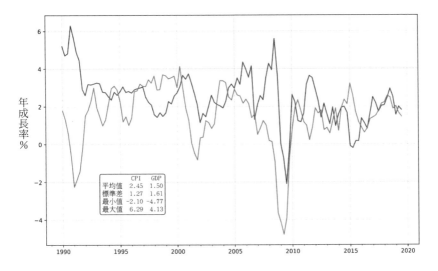

	CPI	GDP
平均值	2.45	1.50
標準差	1.27	1.61
最小值	-2.10	-4.77
最大值	6.29	4.13

個概念：若通膨率低於 2％（通貨緊縮）或高於 3％（通膨過熱），都極可能導致國民所得成長率的下降。

 ## 對股市有利的 GDP 成長率與通膨率，各是多少？

　　從上述的數字中，我們可以假設理想的 GDP 成長率應該介於 1.5 到 2.5％之間，通膨比率則最好保持在 2％到 3％。過去 30 年來，美國聯準會在運用貨幣政策調整利率的空間

時，理論上也是以達到上述的目標為基礎。

不過，由於 2008 年的金融海嘯，美國聯準會在過去 10 年採取「量化寬鬆」政策，導致長期低利率加上債券市場去槓桿化的出現。圖表 4-1 顯示的通貨膨脹年平均率，大概只有不到 2％，GDP 的表現則差不多在 1.6％，但標普 500 的年成長率卻高達 13％。

顯然，過去 10 年，量化來寬鬆政策帶給美股市場極大的利多，但也讓投資大眾對未來市場的看法出現極大的不確定性，擔心下一個景氣循環是否會出現，讓這個長達 10 年的高成長率股市，開始下滑。

4-2

在高齡化與低利率時代，
教你找到賺錢機會

從景氣循環的觀點來看，瞭解國際金融的大勢，似乎對於進出股市的時間點有關鍵的作用。選時重要嗎？我認為與其專注於選時，還不如多瞭解未來全球的投資趨勢，與股市的相對應關係，把投資股市當成日常的課題，而非一次性的投機。

此外，說到景氣循環及利率，我們不得不先提到近 10 年來，全球已開發國家逐漸反轉的人口金字塔現象。

當低利政策反轉、出現通縮，
投資人看空未來股市

回顧 2019 年上半，美國債券的利率曲線開始出現反轉倒掛的現象，也就是說，長天期的 10 年利率竟然低於 3 個

月的短期利率。根據美國過去 60 年的實證經驗，在 7 次利率曲線發生反轉現象時，有超過半數於 1 年半之內，將出現經濟衰退現象。

所以，當利率曲線發生反轉時，經濟學者普遍看空未來經濟的機率，會相對增加。這時，市場受景氣循環開始逆轉呈現衰退的理論影響，自然開始看空未來股市。

讓我們快速地回窺一下歷史：自從 2008 年的金融海嘯後，美國聯準會採的低利率政策，造成美國股市的長期繁榮卻也嚴重影響投資結構。於是，當 2017 年聯準會開始提升短期利率，反轉量化寬鬆政策時，2 年內竟出現 2 次利率反轉的現象。

不僅如此，通貨膨脹率不但沒有超過 3％反而跌破了 2％。這樣的結果，極可能出現景氣逆轉，迫使聯準會再度降低利率，以防止可能的經濟衰退。

再看過去 30 年間美國的 GDP，平均成長率大概都在 1.5％，聯準會也以此觀察通膨率，進而通過貨幣政策來做調解。

通膨率一旦低於 2％，加上利率曲線的反轉，並且超過 10 年的長天期利率也低於 2％，這表示市場對於通貨緊縮的憂慮遠遠高於通貨膨脹。

由於通貨緊縮會造成經濟下滑、GDP 減少，直接影響

大眾消費的能力與公司未來營利的下降，一般各國央行面對這種情形時，最簡單的貨幣政策就是降低利率，甚至達到零或負利率政策，來刺激經濟成長。

舉個例子，90年代以後的日本利率長期趨近於零、德國開始浮現負利率，都是央行為刺激經濟實施的貨幣政策的現成典模。

那麼，為什麼在歷經長達10年的低利率寬鬆政策，道瓊指數已經從2008年最低的6,000多點上漲到27,000，在經濟層面上，不但沒有造成所謂的市場過熱引發通膨，反而是過低的通貨膨脹率，演變成學者們對於通貨緊縮及經濟衰退的憂慮？讓我們再回顧過去20年，從全球人口結構金字塔的變化說起。

退休人口不斷增加，導致生產力與消費力雙重下降

上個世紀，由於出生率一直比死亡率高，人口的結構如果以年齡分層（每5歲為一層基準），由低至高來排列，會呈現一個正金字塔的形狀。

典型的人口金字塔，雖然以每5歲為基準一層一層堆疊，但一般習慣把它分成3大塊，也就是15歲以下的養育

期、15 到 64 歲的生產期和 65 歲以上的退休期。也就是說，養育期的人口結構會寬於生產期，退休期的人口層級則是金字塔頂端最窄的一塊。

因為生產期是一國的國民生產 GDP 主要產出支柱，所以在金字塔的結構比例中，對國家的經濟發展就顯得特別重要。如果生產期的人口比例，佔總人口比例的 2/3 以上，相當於兩個人養一個人，不管這一個人是老或小，只要是產能得宜，整個國家在人口結構上就能自給自足。

反之，如果這個比例開始縮小甚至不足一半，就可能不足以支撐退休人口，甚至養育小孩了。

當人口開始出現老化時，等同於人口的平均中間值開始向上提升，那麼退休期的人口比例就會逐漸增大，假設這時出生率又開始下降，雖然看似短期內，可以降低對於養育期人口的支付，卻會減低未來長期投入生產期的人口數量，長期來看更是雪上加霜。上述所講的，正是日本在過去 20 年裡發生的情況。

當然，每一個國家的人口金字塔結構並不相同，但是人口金字塔開始呈現老年化的現象，多發生在已開發的發達國家。主要是這些國家的平均壽命延長、出生率偏低，導致人口的平均中間值不斷提高。以美國為例，一般我們所說的人口結構，是以 15 至 64 歲的範圍為真正的製造者及消費者，

圖表 4-2 美國 **2010-2018** 人口金字塔變化

年份	養育期	退休期	生產期	非生產期
2018	18.61	16.03	65.36	34.64
2017	18.75	15.62	65.63	34.37
2016	18.87	15.24	65.89	34.11
2015	19.02	14.86	66.12	33.88
2014	19.18	14.50	66.32	33.68
2013	19.32	14.12	66.55	33.45
2012	19.47	13.74	66.79	33.21
2011	19.63	13.27	67.10	32.90
2010	19.79	13.09	67.13	32.87

65 歲以上則屬於退休、不具生產能力的老年人口。

從圖表 4-2 可以看到，在美國 65 歲以上的退休人口，從 1960 至 2010 年花了整整 50 年左右，才從將近 9％上升到 12.5％，但從 2010 年以後，只經過不到 10 年，就已經從 12.5％跳升到 17.5％。也就是說，退休人口比例原本花了 50 年才上升 3％，但 2010 年以後，不到 10 年之間卻多了整整 5％。這種呈倍數成長的跳升，代表人口老化的速度正在迅速擴大。

如果照著這個趨勢持續下去，還不用到 2030 年，退休

圖表 4-3　　**美國退休人口從 1960 年至今的比例增長**

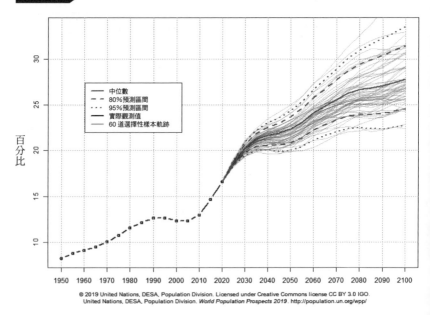

© 2019 United Nations, DESA, Population Division. Licensed under Creative Commons license CC BY 3.0 IGO.
United Nations, DESA, Population Division. *World Population Prospects 2019*. http://population.un.org/wpp/

人口可能就會佔到美國總人口將近 3 成。這是個非常值得注意的快速老化現象。因為美國本身還是屬於一個移民國家，如果連它都有這樣的狀況，代表著全球人口老化的問題只會更加嚴重。（見圖表 4-3）

對一個國家來說，人口老化最大的問題就是退休人口的增加，會伴隨著生產力與消費力的雙重下降，導致儲蓄率會隨之上升。一旦消費開始減少，產能過剩會讓社會整體產值跟著減少，市場上再投資的意願也會降低。

高儲蓄引發低利率，
造成 GDP 成長減緩與財政惡化

　　根據最基本的經濟原理，當一般民眾都選擇儲蓄不消費，因為高儲蓄導致低利率，反倒會讓經濟產生萎縮，也就是大眾擔心的通貨緊縮現象。

　　以目前的狀況來看，如果人口老化的現象持續下去，那麼要讓利率上漲幾乎是不可能。因此，美國聯準會在這 2 年內雖然升息 7 次，然後又開始逐漸降息。

　　這代表聯準會覺得升息已經達不到穩定經濟的目的，反而會引起經濟萎縮。本來降息的目的應該是要刺激經濟，但如果降息已經幾乎達到零利率的程度，降息對利率能產生的影響就變得非常有限。

　　所以，在歐洲國家比如德國，已經開始出現負利率的情形。這表示民眾如果把錢存進銀行，還要被銀行收取利息，就是政府採取反向操作的方式，激勵民眾多花錢而非存錢。如果未來整個老年化趨勢持續下去，接下來美國和全球國家都非常可能出現負利率的現象。

　　我認為唯一能解決人口老化造成負投資現象的方法，不只是降低利率，應該把重點放在如何創造及引導退休基金，大力投資資本市場。

當世界人口金字塔結構開始發生老化轉變時，特別是對發展中的國家來說，他們的人口平均壽命仍在緩步上升，但退休的年齡並沒有開始增加，這表示未來會有越來越長的退休期。與此同時，人口的增長率也就是所謂的死亡減去出生率，在目前仍舊處於慢慢下降的趨勢。

以這樣的速度來看，整體人口年齡分佈的中間值將越來越趨近於高齡化。原本高齡化的趨勢還不見得對經濟有那麼大的影響，因為高齡人口即使增加，在到達 65 歲退休年齡以前，都還是具有生產力的人口，但隨著 65 歲以上的退休人口開始呈倍數性成長，這種老化趨勢對經濟的衝擊開始放大。

更重要的是現行的退休金制度，是否能夠負擔再過 10 年以後的整個退休人口？如果不行的話，不但 GDP 的成長速度減緩，財政赤字更會上升，可能被迫必須考慮延長退休年限，甚至減少退休金發放。

眾所周知，美國的經濟成長在過去 10 年的低利率政策下穩步上升，另一方面，美國股市同樣受到低利率的影響，卻頻創新高。從道瓊指數來看，美股已經自 2008 年的 6,000 點，上漲到近期的 27,000 點，即使是以 2008 年的最高點 14,000 點左右來比較，到目前為止也有高達 6.5％ 的年成長率。反之，如果把錢拿出來放在 10 年定存，每年的利率可

能連 2%都不到。

所以，股市在過去 10 年顯然是最好的投資。不過這些都已經是事後諸葛，關鍵在於如果現在處於一個景氣循環期的頂端，那麼我們是不是就要面臨景氣下滑的風險？也就是說，如果低利率政策不再是利多，而是人口結構改變開始老年化，讓高儲蓄率造成未來通貨緊縮的憂慮，那麼我們是否應該避免投資股市？

從上述的情況中，美國人口老化在未來 20 年已經基本上是一個定數。站在退休人口的角度，儲蓄是必須的，但過高的儲蓄率，似乎又與經濟成長產生相互衝突的現象。面臨低利率時代，每個人都應該擁有足夠的投資，才能夠放心地退休。假設退休時，全部的退休金額仍不足以支持長期的退休生活，那麼退休金的投資規畫，就不能把錢只是放在低利率的定存，而必須投入較高報酬率的股市，以股市的高報酬率來負擔退休生活所需。

也就是說，在未來的 10 年或 20 年內，一旦低利率時代持續下去，退休基金唯一能夠做的事情，就是把越來越多的資金轉而投入股市。若是不這麼做，不去利用資本來推動經濟，僅僅只把資本放在定存或是債券市場上，事實上是無法達到投資循環的。

利率那麼低，該怎麼投資？你得做好 20 年資產配置

從這樣的觀點來看，我個人認為「低利率時代」對債券市場雖然不是件好事，但卻會越來越擴大股市投資，以減少債券市場份額達成新的平衡比例，換言之股市的量會越來越大，金流也會變得更多。

這樣的好處在於**當有更多的資金與資源投入股市裡，企業會變得更有效率，缺點則是能夠投資股市的人，通常是本來就有些資本，貧富差距的問題將很難在未來 10 年內獲得解決。當然，這並不在本篇的討論範圍之內。**

回到眼下每個人最該關心的事，在低利率時代的未來，以退休資產配置的角度而言，到底如何要選擇債市與股市的投資比例？我個人認為債市實際上，是很難達到一般人理想的退休目標的，所以如果有一定的本金還是拿來投資在股市上面，報酬率相對來說會比較理想。

不過，股市會不會依然受到景氣循環下行的疑慮而萎縮？事實上，這種情況發生的可能性很低。針對這個問題，我提出主要 2 個可支持股市仍在上升的論點：在過去 3 年，市場上年年認為股市已經到達超乎預期的漲幅了，應該緩步調整甚至下行。可是實際觀察標普 500 過去 3 年裡的企業季

報，美國這些企業到目前為止多數都是處於獲利狀態，70％的公司都比過去 10 年經營得要更好，利潤甚至從來沒有萎縮過。

即使是股市整體指數已經上漲 1 倍（以最低點來看甚至有 3 倍漲幅），這些公司也沒有因為市值增加而讓本益比縮水，相反地，依舊能夠維持在一定的獲利水準之上。也就是說，這些公司即使股價或市值上升，賺的錢也相對變得更多，代表公司經營比以往更加有效率而非市值泡沫式的膨脹，公司的負債槓桿亦落在可控範圍。

當然，公司變得更有效率，不表示雇用更多員工，也有可能在全球自動化的浪潮下，反而讓員工數量變得更少。所以，我一再強調，當資本開始滾動、創造更多資本時，不能夠保證每一件理想的事情都能夠發生，例如均富的社會狀態就不見得會到來。

也就是說，當我們發現這個情形與它能否平均分配這個財富，是兩回事。但有件事可以確定，那就是**如果長期在股市進行投資，用資本來創造資本，永遠會比投資債市要來得更好，這在過去 80 年已得到最好的驗證，尤其是在未來以低利率政策為主的 30 年更會是如此。**

也就是說，運用資本投入股市肯定能創造更大的財富，但財富的增加不表示所得分配更均 。

　　總結來說，目前的低利率走勢，已經大幅影響過去標準的資產配置模式，就是在固定資產與股市兩邊的分配程度。當人們開始有剩錢需要投資時，可能無法再像以往一樣，以 7 成債市、3 成股市，或是 8 成債市、2 成股市來做分配。現在演變成需要有超過一半投資在股市上，而非拿去儲蓄，否則根本就沒有辦法退休。

　　我想要闡述的核心想法，就是在未來低利率時代的環境下，將有更多的退休基金會被轉移到股權相關的投資，它可能是創投、私募或是股市。

NOTE

5

判斷國際情勢，
讓投資勝率提高100％

5-1

看透美中貿易戰的影響，才能成為獲利贏家

美中關稅貿易戰最早的引發點，除了川普在一開始的競選口號「讓美國再次偉大」裡，提到美中過去 20 年來不斷上升的貿易逆差，因此讓中國在 20 年內增加了將近 4 兆美元的外匯存底以外，更重要的是中國提出的「一帶一路」、「中國製造 2025」等政策方向，已經等同於對美國發起軍事、科技、經濟乃至金融等全方位的挑戰。

 **美國屠龍派壓過熊貓派，
不容中國挑戰霸主地位**

在過去 20 多年以來，美國對中國實施的政策基本上都較為友善，認為只要中國人民的生活開始改善、變得富裕，國內的個人自由與民主機制也會逐漸加強，並共同成為已開

發國家的一員。

　　所以在 1992 年以後，美國率先放棄許多經濟禁運措施（因制裁天安門事件而起），開始給予中國關稅友好的最惠國待遇，在 2001 年，美國總統柯林頓更簽下協議，開始將中國引進世界貿易組織（WTO），讓中國經濟呈跳躍式成長、外匯儲備也快速累積，成為國際上公認的世界工廠。

　　當時，經濟學人雜誌和美國的主流派普遍認為這是個雙贏的局面，可以讓中國慢慢變得更民主、更自由。值得注意的是當時雖由民主黨的總統做了決定，但正式簽訂協議同意權的，卻是把持兩院議會的共和黨。換言之，該協議是由民主黨和共和黨一起通過，並且在國際社會形成普遍的共識。

　　以全球化的觀點來看，中國加入世界貿易組織是一件好事。即便過去中國的人權紀錄不好，也不應該把它拒於全球之外，必須將它納入世界組織的成員之一，透過和平演變中國來提升其民主與人權。

　　但 15 年過去後，中國的外匯超過 3 兆美元，表面上確實是變得更有錢，可是它對內部網路的控制及外資管制，並沒有放鬆，而且境內的環境污染問題更成為全球矚目的焦點。過去的低製造成本，其實是犧牲中國國內環境換來，而這種犧牲環境的作法其實不只影響到中國，美國甚至全球也受到不同程度的污染。

國際對於中國的批評，包括人權議題、殖民霸權、文化霸權、國家資本主義霸凌等，由於經濟上的實力增加，在人權議題上，中國反而加強其對於輿論自由的控制，以及對少數民族的高壓箝制；殖民霸權上，則運用「一帶一路」輸出過剩產值，並利用大型基礎建設工程衍生的巨額債務，來對弱勢國家做出類似殖民時代的主權操控。

近年透過孔子學院來輸出文化霸權其強勢文化的意識形態，操控學術與創作自由，和國家資本主義霸凌，甚至以其龐大的國內消費市場、國外旅遊為要脅，由官媒來煽動民族情緒，霸凌外國民營企業和特定新聞媒體。

在運用網路科技方面，透過國家資源建立龐大網軍與網路長城，對內通過法令與屏蔽技術，禁止國內民眾自由接觸海外訊息，而對外則透過網軍人海戰術，以特定網頁霸凌對手、洗版留言，並進行各式各樣的抹黑，甚至以網路間諜進行滲透，擷取各類型重要技術、癱瘓敵視的網頁。

凡此歷歷讓美國鷹派（即所謂的屠龍派）認為，中國崛起伴隨而來的集權領導，不但在經濟上挑戰美國的全球霸主地位，更重要的是以不正當手段，輸出其霸權文化、意識形態作為霸凌工具，勢必將對全球秩序與民主自由，產生嚴重的威脅。

2015 年，當中國開始大力鼓吹「一帶一路」、「中國

製造 2025」等政策，美國開始正視與中國的未來關係。

 ## 美國再次偉大！？
美中冷戰下全球經濟將何去何從？

在所謂「中國製造 2025」的清單裡，所有的科技幾乎都是過去 30 年，由美國透過中美合作所培養出來。諷刺的是，在所謂「全球化」的浪潮下，美國普羅大眾卻必須面臨所得低成長、巨額貿易逆差、製造業工作流失的窘境，甚至得犧牲許多高科技產業的知識產權。

在這樣的背景下，川普為了讓製造業回流而提出的高關稅貿易政策，雖然引起不少經濟學家反對，熊貓派也一再警告可能會造成全球性的經濟衰退，卻還是得到半數以上的民意支持。最吊詭的是，熊貓派一再警告的經濟衰退並沒有發生，美國股市從川普上任以來反而年年創下新高。

2018 年 3 月，在中美關稅貿易戰持續談判的過程中，美國發現許多起有關中國竊取全球科技的真實案例，聯邦調查局（FBI）認為，「千人計劃」是由中國共產黨主導，計劃成員涉及間諜行為，可能影響國家安全。香港反送中事件中，人權議題引發的香港法案，更讓一向以自由、民主為立國基礎的美國，感受到極大威脅。

　　難道，連美國本土的大型企業都可以被極權主義霸凌，放棄行使憲法第一修正案的言論自由權，選擇寧為五斗米折腰，是美國未來希望看到的國際秩序？

　　這一連串事件的升級，使美中的貿易談判不再只與貿易相關，科技競賽、人權立場、意識形態與國際秩序的籌碼，開始逐漸加重。

　　以目前的局勢看來，美中未來引發超過 10 年以上的冷戰機率，正在急速上升，在這種反極權、反意識形態霸凌的民意背景下，全面冷戰的可能性已經不會因為川普是否當選下一任美國總統，而有所改變。

　　以美國的觀點來看，中國加入 WTO 以後，在 10 年內成為世界工廠，是僅次於美國的第 2 大經濟體，但在這一輪新的崛起裡，中國沒有盡到身為 WTO 一員及世界公民的責任。

　　舉例來說，不管是從環保的太陽能板、鋼鐵製造再到一般的小型機，中國透過國家資本主義補貼本國企業，並將過剩產能向全球傾銷，但每當被 WTO 列舉違規補貼、不當競爭時，中國都會一再閃避，拒絕或延遲開放它本身的內需市場。

　　在 20 年前，中國仍是所得相對落後的國家，其國家資本主義在已開發國家眼中還算可以忍受，重要的是幫助中國

脫貧。只是當中國自身的國力開始增強，不但沒有開放資本市場的意思，反而開始加強軍事行動並輸出其意識形態，自然引發國際間的批評。

特別是在中國提出「一帶一路」、「中國製造2025」政策以後，中國的崛起明顯挑戰未來國際秩序。

換言之，中美貿易逆差雖然是一個重要的問題，但對於中方全方位截取各個層面的科技研發技術，並習慣性以煽動民族情緒為手段，來做為政治與軍事上的敵意霸權競爭，這才是中美關係矛盾的最大癥結。

若以美國觀點來評估中方目前的實力，中國雖然擁有龐大的人口紅利，物產資源卻相對不足，糧食物產與能源未能完全支撐內需，達到已開發國家所的經濟條件，因此國際貿易對其而言有必須性，並非只是單純的是非題。

例如在能源方面，中國每天內需需要900萬桶石油，但國內供給僅能滿足50％，也就是還不到500萬桶，剩下的都要仰賴國外進口。此外，糧食在過去之所以能夠自給自足，是因為80年代以前，人均收入偏低，再加上政府透過糧票制度，也就是靠限量供應來維持。

等到改革開放以後，民眾慢慢富裕起來，糧食變得需要靠進口才能完全滿足內部需求，所以不管是在肉類、豆類或麵粉需求上，中國都開始成為國際上數一數二的進口國。特

別是從美國進口的大豆，甚至佔到消費量的將近 1/3。

不僅如此，身為世界工廠的中國還對環境造成大量的污染，衍生的霧霾等問題已經太過嚴重，甚至讓北京、上海等東岸一線城市都受到污染。自 2012 年起，中國更開始使用天然氣能源來替代燃煤，而美國是全球天然氣的最大生產國，中國目前由美國進口的液態瓦斯數量，早已超越日本成為全球第一。

由於能源及糧食的進口比例越來越高，中國經濟若想要繼續成長，就必須持續國際貿易。但中國又希望在一個程度上能夠自給自足，因此在南海發現有油氣可開採後，很容易與鄰近國家產生不同程度的邊界衝突。

對於這些問題，中國遠在透過 WTO 最惠國待遇的利多環境，成為世界工廠時，就已掌握到一個訣竅：運用國家資本主義來對抗個別企業的資本主義。再大的民營企業集團，面對一個擁有 13 億人口的國家機器，都顯得微不足道。

中國以國家資本為前提，運用自身廣大內需和國家重點補助作為經濟誘因，來吸取國外先進企業技術與知識產權。

從中國的角度出發，運用國家資本主義為本國取得近百年來難見的經濟成長，真真實實地增加經濟實力與國力，的確是個巨大的成就。然而，當經濟實力逐漸增強，中國作為一個極權國家，累積的大量資源很容易投放在重工業，特別

是在軍工業的擴充上。

軍備的擴張導致與現有國際秩序形成衝突，而且未來的衝突只會越來越多，不會變少。凡此種種，演變成川普上台以後，開始針對美中貿易逆差、國際秩序問題進行處理。

川普促使美國製造業回歸本土，讓股市基調短空長多

關於川普的貿易政策，必須提到美國鷹派的一位重要代表——彼得‧納瓦羅（Peter Navarro）。納瓦羅博士是經濟學家，也是現任的「白宮貿易與製造業政策」辦公室主任，總共寫了3本批評中國的書，分別是2005年的《即將到來的對中戰爭》、2011年的《致命中國》及2015年的《臥虎：美、中開戰的起點》，批評中國進行污染環境、蔑視人權、傾銷、貨幣操控。

《致命中國》、《臥虎》更被拍成紀錄片，在Netflix及Youtube網站上可以看到。

他強烈主張對中國應該訂立高關稅，令美國製造業回流，重新建立全球供應鏈秩序。不過，在川普當選以前，美國的熊貓派仍是經濟主流，因此，納瓦羅的主張沒有受到重視。川普當選後，明顯可以看到美國對華政策裡大多數的主

張與做法，都有納瓦羅操刀的痕跡。納瓦羅的理論為屠龍派把「貿易逆差」和「國家風險」劃上等號，提供了一定的基礎。

另外，還有兩位值得一提的鷹派少壯人物，分別是喬納森‧沃德（Jonathan Ward）和博明（Matt Pottinger）。川普曾在給中國建政 70 年的賀詞裡，引用沃德文章中的一句話：**「這麼多年過去，美國終於意識到北京的計劃和野心，是超越美國成為 21 世紀的經濟和軍事主導強權。」**

沃德是牛津大學的博士，專攻中印關係，現為川普在亞洲佈局的重要智囊。博明為現任「白宮國家安全辦公室」的副主任，不但當過《華爾街日報》記者，在中國待了 7 年，更擔任過陸戰隊軍官，在阿富汗與伊拉克都有實戰經驗。

尤其，他在中國擔任記者時，曾經被北京的秘密警察毆打，對中共蔑視人權的紀錄更是有切膚之痛。川普政府中有關美國對於亞洲的國家安全政策，多是由他操刀。

就美中貿易戰而言，川普政府要讓美國製造業重新回流美國本土，或逐漸與中國脫鉤。

另一方面，中國由於本身的歷史因素，有了錢以後便大力擴充軍備，造成鄰國與美國對於世界秩序安全的憂慮，導致美中貿易戰從經濟問題擴大到軍事層級，極可能演變成全面性的冷戰，讓原來的貿易戰發展為金融戰與軍備競賽。

　　但在削弱中國作為世界工廠的影響力時，如果中國經濟徹底崩盤或重新鎖國，回到 20 世紀的 80 年代以前，極有可能導致全球產業鏈的不穩定，造成景氣嚴重下滑，這應該是市場投資人最擔心的狀況，也不是美方希望見到的結果。

　　所以，雖然冷戰的機率似乎一再升高，但讓中國經濟崩盤絕非川普的選項。中國仍是全球產業鏈的一個重要基石，加上其舉足輕重的內需市場，美方希望達成的目標，是讓中方能真正開放國內市場，杜絕國家資本主義式的霸凌、補助與間諜活動，以及保護知識產權。

　　因此，在 2019 年時，美國副總統彭斯對中國的批評不如前 1 年嚴厲，川普在簽署香港法案前的演說，仍強調美中領導人彼此是好友，勢必能創造雙贏的局面。

　　到目前為止，美國大部分企業的獲利仍在正常軌道上運行，每季仍有超過 70％的公司財報超出預期，雖然有些公司的營收的確受到貿易戰與中國供應鏈的影響，但是短空長多的基調不變。

　　這表示在每一次的談判過程中，貿易戰的問題頂多對市場造成 3 個月左右的不確定性，導致股市經常來回震盪。相較於亞洲和歐洲，目前美國股市仍是全球最有潛力的市場，美金仍是最強勢的貨幣，所以全球的金流持續流向美國。

　　而且，低利率政策與發達國家人口老化的趨勢，讓儲蓄

的利率不足以支撐未來退休生活，唯一還能讓財富增加的管道依舊是股市，這使得流入股市的資產配置，相對於投資固定資產必須增大。因此在未來 5 年內，很難想像股市會有崩盤的危機。

美股投資長期來看沒有問題，由過去 80 年的歷史經驗可以推估，投資標普 500 超過 15 年以上，總體獲利至少翻 1 倍，平均年報酬率近 8%，比任何銀行定存甚至黃金投資都還要好。

至於短期炒作的策略，牽涉到選股層面與投資組合，和本章強調的國際金融情勢較無關連，因此不再多加贅述。

中國經濟受到牽制，全球產業鏈分工將走向兩條路

在確立中美貿易戰「短空長多」的基調以後，接下來要談的則是中國未來走向。在 1980 年代初期，中國剛歷經文化大革命，國家的人均收入不足 100 美元，相較之下，現在中國人均將近 10,000 美元，整整增加了 100 倍，成長著實驚人。

以現今來看，當時中國人均收入 100 美元可說是窮到不行，同期的台灣人均收入將近 10,000 美元，兩岸的經濟落

差巨大，說明了當年台商前往中國發展時，受到很大禮遇的原因。

於是，中國內部出現兩派經濟發展論點，分別是「先發制人」與「後發先制」。所謂後發先制，是指利用後發優勢來實現中國現代化。歐美國家不論是在科技、經濟或軍事上，大多數的基礎建設都比中國發展得早，雖然比較先進，卻也開始老舊。

中國在開始興建基礎建設時，以比較新的技術大規模發展基建設施，例如：跳過傳統電話埋綫，直接開發塔台設備，讓手機成為主流通訊；全國建設更好的高速公路網，甚至直接跳過高速公路，直接興建高速鐵路與航空網。

不過，這和過去鼓吹的「超英趕美」有所不同。後發先制強調的並非土法煉鋼，反而是專注去學最現代、最新的，而且用目前最好的科技，不必再從頭築基。

在當時中國兩派的論戰中，由林毅夫提出的後發先制想法，在政府內部得到很大的支持。林毅夫與朱鎔基為同派系，也就是後來的人行派。

另外一派提出先發制人的論點，則認為「後發劣勢」，因為後發國家可以輕便地模仿，迅速發展經濟，反而缺乏動力去改革創新，做有利於長久發展的現代政治制度變革，於是犧牲掉未來長久的繁榮。

中國雖然實行後發，用短期興建的最新型基礎建設趕上歐美，但是長期發展並不是只有基礎建設，而是要讓內部的創造力提升，以具有長期的國際競爭力。也就是說，中國必須經過民主、自由的政治改革，不能只專注實施單純的經濟改革。

這一派主張，民主與自由才能符合人性，真正激發出大眾更多的自利心與創造力，所以政治改革是必須的，中國不是僅以經濟改革，就可以輕易達到超英趕美的地步。

就目前來看，先發後制在 1990 年以後明顯成為中國現代化發展的主流。其實，後發先制這個政策走向，可能會產生不少社會問題，但在 1991 年以後，歐美國家不但停止了因為天安門事件而對中國施加的制裁，反而在 2001 年介紹中國進入 WTO，使她的經濟得利於全球化的浪潮，成為世界工廠。

中國外匯存底迅速累積，讓中共體制更相信先發後制的優越性，無需政治改革，並發起「一帶一路」與「2025 中國製造」，輸出中國開明專制的意識形態。

近年來，中國雖然經濟變得富裕、國力也日漸強盛，但仍有 2 大問題：首先經濟增長持續減速，引發財政赤字及就業問題；其次是城鄉差距擴大與城市流民增加，造成社會問題。其他還有如權貴利益集團滋長所衍生的財富分配不公、

環境汙染、房價高漲等種種問題，不一而足。

在這2大問題上，中國內部財政赤字必須在財務上「去槓桿」，以免任何突發性的經濟下滑成為政治問題，在外必須面對的中美貿易戰，以及美國對中國科技發展的圍堵。

為了要圍堵中國，美國特別公告將28家中國企業列為出口管制的貿易黑名單，其中有19家，都與違反許多人權紀錄的新疆公安局和其公安單位有關，另外9家公司，比如科大訊飛、曠視科技這類以人臉辨識、監視器及晶片為主要業務的企業，皆有上榜。

這些公司一旦被美國盯上，美國就可以要求禁止輸入其產品，同時還可以停止提供、不再販售任何來自美國的重要零組件給它們。

美國這樣的作法其實是兩面刃。短期內某些美國企業的財報可能會受到影響，但是從長期來看，它反而可能得到比較多的好處。因為在未來的5G及其他新興市場裡，這些專攻監視、人臉辨識及晶片的中國企業，原本將是美國企業的主要對手，但如今在處處受到限制的情況下，營運上會慢下腳步，進而讓美國企業得到許多好處。

此外，台灣的部分廠商也可能從中受惠。像是目前表現強勁、未來3年前景也一片看好的台積電，以及其他從事晶體製造，例如：繪圖晶片、封測廠等等的晶片公司，都會在

這波限制中得到不同程度的好處，雖然不能夠再售往中國，反而能透過這個機會，專注於本身產業升級的問題。

中國的改革開放雖是一個政治議題，卻大大影響全球經濟，和當年的蘇俄的共產集團完全不同，主要是因為中國是全球產業鏈中非常關鍵的一環。一旦這條產業鏈的次序重整，這些工作機會將轉往何處？美國的投資又會流向哪裡？這些議題都變得非常重要，因為這些工作和資金絕對不會只是流回美國而已。

目前看來，全球產業鏈的未來分工可以走 2 條路，其中一條是將產業升級成自動化，另外一條則是分散至中國周遭的國家、美國周遭國家或是流回美國本土。下一個最有機會的產業代工鏈區域，就是東南亞。

值得一提的是，這不表示中國在全球的產業鏈中將會消失，而是更多地區也會形成全球產業鏈中的一環，而且工資、環保、語言環境，將會構成各個產業比較其優勢的重要依據。

比如耐吉、索尼、三星這些美國外圍的公司，或者是日本與韓國的企業品牌，都開始選擇在越南、柬埔寨、泰國設廠，甚至三星已經於印度設廠。對於製造業而言，這些國家都是人力成本低廉、設備便宜，所以相對有利的。

至於台灣，則多半會與晶體製造有關。畢竟，台灣最重

要的就是通訊業及半導體產業，而過去台灣之所以能成為科技重鎮，就是因為掌握許多中國無法生產的高級零組件，否則大部份的東西就可以直接在中國生產。

　　因此，藉著這一波貿易戰的影響，正好可以讓這些產品訂單逐漸流回台灣，對台灣而言將是一個非常好的產業升級機會。

5-2

香港反送中，造成匯市 與股市的多重難題

　　2019 年的香港反送中事件之所以持續延燒，可以看出冰凍三尺非一日之寒。港人爭取的是真普選，反送中與其說是反《逃犯條例》，爆發點或可再往前推到 5 年前的佔中雨傘運動，甚至是 2003 年要求真普選的七一遊行，其實是有明顯的脈絡可循。

　　對於香港年輕的一代而言，未來的前景已經越來越難去想像，甚至無法透過現有的執政與立法團隊，做任何的改變。在這種情形下，香港的 GDP 增長和房價飆漲，相對於當地年輕一代可以取得的社會福利、監督權利和就業機會，反倒成為一種諷刺。

　　關於反送中事件，目前已有許多關於政治與社會層面的詳細報導，在一本以投資美股為主題的書中，之所以會特別提到反送中事件，主要是因為香港作為國際自由港、對全球

經濟及股市，有很多不同層面的影響。

因此，我在這裡由經濟觀點出發，對事件的源起稍作說明後，將以匯市與貨幣變化的觀察為主，來說明香港在資金流向的不確定性，以及後續會引發的一連串經濟問題，包括香港股市、房市及香港資金在未來 1 年內的可能走向。

港幣深陷貶值壓力，拉抬美元全球指數屢創新高

2019 年 2 月 13 日，香港政府正式宣佈修訂《逃犯條例》，刪除原條文中明訂，引渡法例不適用於中華人民共和國或其任何部分（包含澳門與台灣）的限制，因此香港大律師公會發佈反對修法的聲明，指出現行《逃犯條例》規定引渡國不包含中國，並非政府所謂的漏洞，也指出修法移除立法會審議的權利時，並沒有加強法庭的監察權例，將會導致行政長官成為移交程序的唯一決定人，無法對其問責。

爾後引爆超過百萬人上街頭，甚至產生警民衝突的反送中大遊行，則是因為 6 月 12 號逃犯條例即將二讀通過，讓累積許久的民怨傾巢而出。但上街的香港人民卻在之後被警方以「暴動」定調，並遭受強力的鎮壓手段。

所以自 6 月以後，香港超過百萬人示威的抗爭行動不斷

升級，從未停下，不僅引來全球民主自由國家的道義關切，也讓美國在 10 月時通過香港人權與民主法案。該法案主張，如果香港法例抵觸《中英聯合聲明》，讓香港市民及外國居民的人權受到限制，美國將取消最惠國待遇，並針對打壓香港人權者予以特定的制裁，例如：凍結個人資產、拒絕其入境等。

　　一直以來，香港基本上都是以其 4,000 億美元的外匯做後盾，穩定美元聯繫匯率於 7.75 到 7.85 之間。不過，自從 2018 年發生中美貿易戰以來，因為中國資金進出的管制較嚴格，讓一大部分想從中國匯出的美元，多半以香港外匯市場作為流通管道。

　　由於許多中國的國企與民企在香港掛牌上市，可以藉由借人民幣兌換美元的方式，在香港匯出美元，所以在 2019 年初，港幣貶值的壓力已經逐漸升高，再加上 6 月以後發生的香港反送中事件，讓一般稍有流動資產的香港居民，開始把自己手頭上的港幣換成美元，而且吸引全球的炒匯作手漸漸集中在香港，作空港幣，使得港幣面臨空前的貶值壓力，不斷在 7.85 的臨界點徘徊。（見圖表 5-1、5-2）

　　過去香港號稱是一個自由港，所以它沒有所謂的外匯管制，只要錢的來源是正當的，買賣美元是不需要理由的，因此當對美元需求的壓力不斷升高時，香港的外匯儲備也開始

表 5-1　　**香港匯率走勢**

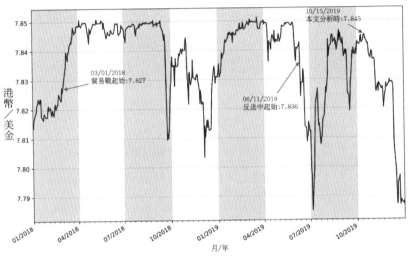

（來源：Yahoo Finance）

表 5-2　　**香港近年外匯儲備走勢變化**

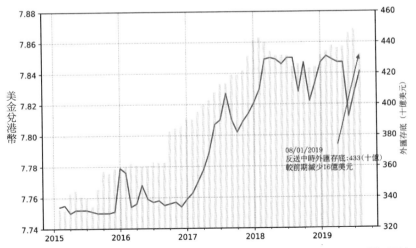

（來源：香港金融管理局）

面臨挑戰。

從上頁圖表可以很清楚地看到，2018 年以後，香港的外匯便進入停滯不再增加，正如同前面提到中美貿易戰的開始，而 2019 年 7 月以後的下跌，也對應了反送中運動帶給香港市場的不確定性。

我認為這樣的不確定性將持續到 2020 年，也就是說，香港資金外逃，或者大陸資金透過香港流出的情形，仍會不斷發生甚至加強，這對港股大盤來說是負面消息，對美股而言卻相對正面，畢竟目前美國正是資金外逃的最佳避風港，因此美元近期不斷保持強勢，一再創新高。

事實證明，美元全球指數更在 2019 年的 9 月底達到一整年以來的最高峰，這樣的結果絕對不是偶然。

 ## 民眾恐慌情緒加速資金外逃，衝擊股市表現

2019 年 8 月，香港的外匯存底明顯比 7 月少 160 億美元，市場上廣義的流通貨幣恰巧減少 160 億美元左右的等值港幣。這顯示出在反送中的浪潮下，香港一般民眾對未來的不確定性增加，並反映在美元的需求上。如果外匯存底在 9 月仍然持續下降，而且反映在流通貨幣上，那麼資金轉向的狀

況就會開始對香港股市造成更多影響。

　　從8月初以來，香港恆生指數已經明顯比上海指數低5個百分點，但仔細觀察兩者從今年4月一路以來的變化，基本上沒有太多的區別，重點在於反送中爆發以後，這起事件顯然開始對香港股市造成影響，如果讓反送中事件再持續延燒6個月，香港股市出現下跌30%的情形並非不可能。

　　不僅如此，如果資金的轉向，也就是港幣轉換成美金持續發生6個月，將有超過1,000億美元是經由現有廣義貨幣供給轉換，換言之，香港的外匯存底會減少1,000億美元。

　　那麼問題來了！其實不用等到6個月，只要這個現象持續2個月以上，香港一般民眾就會開始出現恐慌，進而加速資金外逃的時間表。如果我們有這樣的推論，相信以香港金融管理局在1999年受過外匯狙擊的經驗，肯定會想辦法來減緩資金外逃，或是發生任何金融恐慌。

　　因此，我認為如果以1,000億的外匯出走為底線，香港金融管理局加上中國人民銀行，肯定有辦法維持金融的穩定，不至於造成金融恐慌。

　　但是，在未來6個月甚至1年內，香港將會像一顆慢慢洩了氣的皮球，資金持續外逃現象已經難以避免，所以港股在未來1年很難有任何利多消息。包含新上市公司的申請，除了中國本身以外，海外其他地區的可能性恐怕近乎於零。

在這個香港資金轉向、外匯出走的階段，很容易聯想到最大的受益者是新加坡、倫敦，以及東南亞一些國家。事實上，因為台灣很多進出中國的資金、在香港上市的公司，也會把它們的錢匯回台灣，所以台灣股市與房地產在未來 6 個月內將成為很大的受益者。不過，如何把流回台灣的熱錢轉化成促進產業升級的動力，以台灣現有的政治、經濟及金融環境來看，還有待觀察。

 ## 港府首要任務並非打房，而是防止股匯市崩盤

我們從反送中的政治事件開始分析，可以看到香港匯率及外匯存底的變化，並藉由廣義貨幣的減少，進一步推論出其資金外逃的情形，以及未來 6 個月可能惡化的最上限。

到目前為止，這些指的都是很容易變現的流動資產。至於較不易變現的固定資產，像是機器設備、辦公大樓、住宅等不動產，流動性將馬上受到考驗，未來市值很難得到正面評估。此外，流動性考驗最大的挑戰，就是銀行貸款續借以及違約率的發生。

當前對香港形勢雪上加霜的，是反送中政治事件牽涉到許多年輕人，觸及中下階層對未來前景的徬徨。香港所謂的

四大家族全都是以房地產起家，港府正好可以打著鬥地主的名義，藉機清算他們的土地和財產，又可以消滅民怨，可說是一石二鳥的做法。

不過，以目前香港立法局的成員來看，四大家族仍具有一定的影響力，所以鬥地主的做法必須由更高層級的機構來發動。

由於打擊房市並非現階段的首要任務，香港的股市及匯市崩盤才是重點，所以在未來的 1 年內，4 大家族應該只會受到紅色輿論的批評，不會有太大實質上的打擊。

5-3

面對 30 年來的極大利多，台股能否站上 2 萬點？

　　根據台灣經濟部的統計資料，台商於 2019 年前 10 個月回流的資金，已達 7,000 億台幣，約 230 億美金的規模，估計為台灣創造近 60,000 個就業機會。在此同時，台灣同期批准的外國直接投資（FDI）則有 79 億美元之多，與去年相比整整上漲 9.37%。

　　不僅如此，美國的東亞事務、商務部、農業部 3 大政府機構，還在 2019 年 10 月 17 日聯名致信，鼓勵美國前 500 大企業基於共同價值觀，與台灣建立更強而有力的雙邊關係，提供台灣更多的業務機會。

　　從以上這 3 件事情來看，美中貿易戰對於台灣是 30 年來前所未見的極大利多。外國直接投資增加、台商資金大舉回流、台美關係改善，都將使台灣的國民所得成長，未來 4 年內股市站上 20,000 點的夢想更有機會成真。

美中對峙與台資回流，
是台灣經濟發展的新契機

2018 年 3 月，美國總統川普宣佈將在同年 8 月，針對 5,000 億美元中國進口商品中的 2,000 億，課徵高達 25％的關稅，由此開啟了美中貿易戰。在經過整整 1 年的談判後，雙方沒有取得共識，因此川普政府於 2019 年 5 月時，宣佈將對剩下的 3,000 億進口商品，也加課 10％的關稅。

貿易談判的不確定性，再加上 6 月以後的香港反送中事件，直接導致中美關係變得更為緊張。

從貿易戰開打以來，似乎雙方都相當積極地想要解決貿易逆差的問題，然而兩國衝突所涉及的層面，早已經不限於貿易問題本身，更牽涉到金融、科技、軍事，甚至到意識形態。所以，美方除了檯面上正式的貿易談判以外，也逐漸將其引領的全球產業鏈跟中國脫鉤。

由於美國企業目前在中國的勞動成本，已不如在周遭的東南亞國家便宜，若中美關稅壁壘長期持續，逐漸增加的生產成本與沉重的關稅壓力，不僅會讓這些企業無利可圖，甚至可能造成虧損。在這樣的情況下，以中國為生產重心的美國企業勢必選擇外流，尋找其他的生產基地，建構新的全球產業鏈，甚至回流至美國本土，並以自動化人工智慧及現代

化製程,提升整體產能效率。

當然,這些企業過去對中國產業鏈的依賴度很深,想徹底脫鉤,起碼也要 1 到 2 年的時間,這也是為什麼在過去 1 年半內,許多美、日、韓及台企都開始將生產線,轉移到越南、印度這些成本更低廉的地方。其中最明顯的例子,就是透過鴻海代工的蘋果。

在 2019 年 10 月,市場傳出印度工廠能夠量產 Iphone 手機的消息,如果連蘋果這麼大的企業都開始實施與中國脫鉤的計畫,就更不用說其他中小企業會如何行動了。

即使本來在中國擁有廣大廠區、出口美國不少商品的三星,也要面對這樣的抉擇,所以三星基本上已從中國撤出,日本企業更是大規模撤往東南亞,而 2018 年還在觀望的美國企業,大部分也在 2019 年開始動作。

跨國企業陸續收掉中國廠房,這與台灣最大的相關性在於台灣也是產業代工的重鎮。我們可以看到在過去 20 年,台灣、美國、中國長期處於三角貿易的關係,基本流程就是美國企業對台灣企業下單,由台灣企業轉至中國生產。鴻海就是很經典的例子。

眾所皆知,鴻海在台股裡是市值數一數二大的企業,但事實上,它在台灣雇的員工可能不到 10,000 人,在中國卻超過百萬,也就是每年創造龐大產值的鴻海,實際上帶來的

就業機會全都留在中國。

　　但當代工產業鏈發生改變，影響最深的自然也是中國。因此，台灣必須強化自身作為重要研發和高端產品製造基地的角色。

　　除了上述各種跡象，6 月以後發生超乎眾人預期的香港反送中事件，也加速台商資金回流的趨勢。

　　在香港反送中事件發展持續惡化時，NBA 火箭隊經理在個人 Twitter 上發表挺反送中的言論，卻遭受政治霸凌，還發生南方公園卡通因為調侃中共，而遭到政治下架等事件，一下子引爆美國本土的民族主義。

　　一個於美國網站上傳的個人意見，卻被另一個國家以市場要脅要求道歉（更何況，Twitter 還是被中國禁止的軟體之一），一連串的事件不僅激起美國人同仇敵愾的意識，也強化美國普羅大眾對國家資本主義霸凌的強烈反感。

　　美國副總統彭斯在 10 月的演說中，更直接點名耐吉和 NBA，指出：「在中國共產黨對言論自由沉默的同時，NBA 的行為有如該獨裁政權的子公司」，更諷刺耐吉一向都以有社會影響力的良心企業自詡，為什麼在面對中國霸權主義時，就可以為了企業利益而叩頭？

　　對於一向抱持著民主自由意識形態的美國而言，一旦讓其傳統的反共意識型態，升級為反對獨裁意識形態霸凌的主

流民意時，貿易戰極可能隨時升級為全面性的冷戰。

由於香港反送中的人權情勢危急，美國參、眾兩院於感恩節前，快速且無異議地通過《香港人權與民主法案》（Hong Kong Human Rights and Democracy Act）。香港法案並非只是單純的政治宣言，而是具有經濟議題的法案，該法案要求國務院，每年審查美國在貿易方面，賦予香港的特殊自治地位的優惠貿易條件，而此一地位與中國的關係是分開的。一旦一國兩制不再是選項，美國可以直接撤銷關稅優惠，並對迫害人權的官員施予經濟制裁。

由於香港可以發行固定匯率港幣，擁有高達近 4,500 億美元的外匯存底，更有近 70％外國直接投資是經由此地進入中國，因此香港一旦喪失關稅最惠國待遇固定匯率的紅利，極可能導致其自由港的資本朝全球流竄，讓全球資金重新洗牌。

在當前的國際局勢裡，很多問題本來在美中貿易戰中就可以解決，但如果雙方升級為全面的金融戰、科技戰甚至是冷戰，就與原來的貿易戰不太一樣了。

因為貿易戰屬於經常帳，也就是「你給我多少貨，我給你多少錢」的物物交換、以物換錢，而資本帳則是除了外匯存底以外，其他有關資本運作下的信貸結構。

舉個例子，現在中國有 30,000 億美元的外匯，前幾年

甚至有 40,000 億美元，但實際上，當中國的國營企業及大型民企在全球做一帶一路的投資，或併購其他國際企業時，它們以信用擔保所融資借來的錢，不一定會顯現在外匯存底上，而在美元體系下，自然是由美國佔上風。

綜觀目前情勢，在美中未來可能進入冷戰對峙的局勢下，最大的受惠者非台灣莫屬。因為台灣是目前華語區域唯一兼具民主與自由的主權地區，對民主陣營而言，沒有所謂意識形態的威脅。本來民主、自由只是一種生活的方式，對經濟帶來的影響很有限，可是在美中關係持續緊張的局勢下，反而變成為可用來換錢，提升經濟發展的新契機。

龐大外資湧入台灣，應藉機推動綠色產業再升級

目前，台灣是全球代工產業鏈中相當重要的一員，產業中有將近 40％屬於科技、電信業，這些是在美國佔比將近 30％的主流產業。所以，如果能由美國繼續帶領台灣產業，不再像過去 20 年只是三角貿易關係，只能作為美國與中國來往的轉口貿易站，拉抬台灣產業升級的效果肯定會比以前更好，更能確保台灣在未來中美冷戰時期取得重要地位，為長期低迷的經濟帶來更多成長動能。

　　對台灣來說，什麼是可以換錢的機會？答案不外乎對外貿易與直接投資的提升，而更重要的則是新技術的轉移、開發、創造。前面已提到，美國政府要求國內 500 強企業，比如谷歌、臉書、微軟、美光，來台進行直接投資，尤其是美光已答應要投資台灣 400 億美金。

　　當龐大的投資金額陸續流入，台灣不該再做加工出口基地，反而應該藉著這些高科技產業的投資作槓桿，提升台灣產業。

　　我認為在未來 10 年內，全球科技發展方向的重心，不外乎是以 AI 主導的自動化，與以區塊鏈為考量的去中心化，而二者皆與軟體開發和創新有關。台灣政府可以從既有的綠色產業優惠政策方向出發，積極鼓勵商用英語學習、發展英語特考公務員檢定、承認英文契約官方化、軟體開發產業稅率減免優惠、達到軟體開發大眾化，讓未來產業升級的目標更明確。

　　如此一來，台灣國民所得多上漲 1%，以及台股在未來 4 年站上 20,000 點，將不單只是夢想。

以軟體開發為優先，預計創造 25 萬個工作機會

台灣目前的轉機關鍵在於兩件事：第一是金流、第二是人才。以金流而言，根據經濟部的統計資料，到 2019 年 10 月為止，台商回流的資金已經高達台幣 7,000 億，也就是 230 億左右美金，估計 2019 年至少會有 250 億美元的台資回流，直接投資的金額也比去年多將近 10％。直接投資的部分肯定會帶動台灣的工作機會（見下頁圖表 5-3）。

但台商回流的資金比較難以掌控，有可能只是暫時回流，之後再轉投資到東南亞或歐美等其他地區，甚至在台灣以投資為名義變相炒作房地產。

所以，對於回流的資金，若能以產業升級為目標予以輔導，不僅僅像過去只作為尋求低成本的代工模式，那麼這些回流資金能為台灣帶來超過 200,000 個工作機會，更可以培養一批新的菁英人才。

我們很快計算一下，目前估計回流的資金總值約 250 億美元，若拿半導體產業，類似台積電的資金營業結構來做代表，應該會有 8％也就是 20 億美元，可以用來增加工作機會。再拿目前台灣 25,000 美元的人均 GDP 來做估算，大概可以多雇 80,000 名員工，為台灣增加 0.3％國內生產總值。

2019 台灣資金回流報告

2019年資金回流報告（美元）			
台灣國內總生產毛額	6,000 億	2 萬 5 千	台灣人均 GDP
1%國內生產毛額增長值	60 億	1%	GDP 期望增長率
台商回流資金 （2019 全年估計）	250 億		
進階人才占比	10%		

2019 回流資金台灣產業升級人員評估報告

2019回流資金產業升級人員評估報告				
	半導體產業	金融銀行業	軟體開發	GDP 期望 增長率
人員運營開支佔股權資本比例	8%	12%	30%	
可創造 GDP 產值（美元）	20 億	30 億	75 億	60 億
可創造 GDP 產值（新台幣）	600 億	900 億	2,250 億	1,800 億
可創造 GDP 增長率	0.33%	0.50%	1.25%	1.00%
工作機會	8 萬	12 萬	30 萬	24 萬
進階菁英人才	8 千位	1 萬 2 千位	3 萬位	2 萬 4 千位
總結	軟體開發優惠政策為最有效的產業升級方法			
附注	各個產業的人員運營開支佔股權資本比例計算， 以 TSM，PNC，LRCX 為基準代表。			

　　不過，如果回流資金投放的產業由半導體轉移到金融業，由於人員需求量相對上升將近 6 成，也就是 120,000 個工作機會，創造的 GDP 產值也會相對提高。甚至若全部投到軟體開發業，多創造的 250,000 個工作職缺，可以拉抬超過 1%的國內產值成長。由此可見，獎勵軟體開發優惠政策顯然成為最有效的產業升級辦法（見圖表 5-4）。

　　如果能從這 250,000 個工作機會中培養出 10%，也就是 25,000 個菁英進階人才，台灣的產業升級自然可以達成。未來產業升級關係著菁英人才的引進與教育，更刻不容緩。

　　目前由美國流入的直接投資，像美光、臉書等等，有機會讓台灣高科技產業做到產業升級，增加更多像台積電一樣的企業。台積電目前的市值已經達到 7 兆台幣，也就是 2,400 億美元的規模，在美國前 500 大企業排名中，已經達到 24 名，規模等同於英特爾。

　　台積電的表現之所以能夠這麼出色，也是受惠於台美之間的互信基礎，美國非常相信台灣的晶體製作，不需要特別擔心所謂的間諜因素，這給台灣帶來很大的契機，那就是台灣除了科技產業可以這樣做之外，其他的周邊相關產業都可以連帶升級。尤其是目前全球有關人工智慧與自動化的趨勢不斷上升，這些相關軟體產業的進階人才，將成為未來產業升級的關鍵。

　　如同前面所言，如果進階人才的培養，能著重在自動化有關的軟體產業，做一定程度的引進與培訓，不僅可以拉動台灣的國民產值，更可以拉抬股市，甚至讓企業走向全球，在美國上市。

　　假設香港自由港的地位受到質疑，台灣的金融產業自動化勢必更有機會一併提升。台灣官方應定期關注回流台商、全球招商引資的獎勵與成果報告，藉此推斷未來台灣國民產值的增長，進而推算台股的上升機會。

 ## 產業優惠政策的最大風險：
利用公權力謀取私利

　　所謂產業優惠政策，通常具有一系列的相關策略以及執行面，包括公共和私營部門的溝通、透明度和問責制，必須具有明確目標、評估技術、退出的策略與時程規劃、政策學習和政策實驗管理沙盒，以及強大執行機構和新聞自由。

　　其中最大的風險來自於政治尋租，也就是利用計劃與執行過程的公權力，謀求私人利益的極大化。

　　雖然上述所提到的皆與台灣未來產業升級有關，但是美股與台股的關聯越來越緊密，所以對台灣的資金而言，看待美股的走向是很好的雙向交流。

5-4
投資是賺是賠，
關鍵在於持股時間的長短

在二次世界大戰時，美軍從太平洋中途島戰役以後開始反攻，並實施所謂的「跳島戰術」。在進攻塞班島時，美軍的攻勢遇到日本「寧為玉碎不為瓦全」計劃，於是戰況慘烈。當年有一則戰時的冷笑話：

為逼日軍出擊，美軍做了心戰喊話，侮辱日本天皇是個無腦王八蛋。日軍一開始非常憤怒，甚至差點出來與美軍決一死戰。不過，後來日軍如法炮製，罵美國總統羅斯福是個王八蛋。

美軍聽了以後卻哈哈大笑，回答說：「其實我們也很有同感，羅斯福的確該罵。」

這個笑話闡述一個重要訊息，就是美日兩國顯著的國情

差異。美國的民主是由下而上，人民在立國之初對政府就有一定程度的不信任感，批評政府、元首更是屬於言論自由的範疇。這不表示對自己的國家沒有認同感，因為選擇自己的生活方式，為個人理想去奮鬥，是最重要的自由意識形態。歐美民眾批評自己國家元首，算不上什麼大事。

但在大多數的亞洲國家（包含日本在內），直至二次世界大戰前的統治文化都是由上往下，所有的決定由上層發出，層級越高所得到的資訊就越多，決定也就越完善，下級就越沒有辦法違抗。這樣的假設下，國家元首猶如先知，更是不容侮辱。

因此，雙方面對同樣的心戰喊話，反應可以完全相反。以此類推，對於發生其他類似事件的判斷，雙方可能也會衍生出不同的結果。雖然人皆有趨利避害的同理心，但成長環境確實會影響個人面對同一事件的反應結果。

 **資訊過多不一定好，
畢竟最後得由自己做決斷**

如今的美中貿易戰，在對話上常讓人感覺有平行空間的影子，即所謂的雞同鴨講，誤判對方的情況也時有所聞。這也難怪最近幾年行為經濟學者不斷受到重視，還因此得了好

幾個諾貝爾經濟學獎。

在美國，自川普上台以來，對華政策開始發生變化，同時國內對川普的批評也從沒少過。媒體、學者、大眾對政府政策大肆攻訐，也經常對川普個人嗤之以鼻，但川普老是在推特上發文對抗主流媒體、宣傳自己，人民常把不同意見攤在桌子上討論，透明度很高，雖然小錯不斷卻難有大錯，這種方式雖是人多嘴雜，卻不容易閉門造車，民主制度的好處就此顯現。這種民主方式，也反應在美國開放原始碼的軟體開發世界裡。

相反地，中華文化因為傳統上呈現由上而下的機制，想法很容易受到上級的制約，大家很容易覺得上級的資訊搜集能力肯定比一般人要好。「君君臣臣、父父子子」更是強調經驗法則的絕對權威性。

現今是資訊爆炸的時代，針對一檔股票衍生的各種資訊，可能從當日價格、歷史線圖、相關財報，到產業統計資訊、總體經濟指數及國際情勢消息等，再加上一大堆專家、學者、媒體各式各樣的看法與意見，投資人往往在看了一堆資料、聽了一堆意見後，反而比不聽還混亂，根本無法決定到底是該買還是賣。

由此可見，過多資訊不一定是好事，最後判斷權畢竟還是在自己手上。當我們面對這麼多所謂事實、理論、情感、

邏輯，卻只能夠做一個決定，這個決定就會參雜很多伴隨而來的額外機率。

就像股市裡的投資決定，看似邏輯簡單，只有賠或賺 2 種結果，但關鍵在於你持有的時間長短。比如從一週來看是小賠，把時間拉長到 1 年卻是極大利多的概念。政策上的辯論，有時候是需要用比較長遠的眼光來觀察。正如英文常說的「Hindsight is 20/20」，意即全是事後諸葛。

似乎說了一大堆好像與投資無關的話，但我要提醒各位讀者的只有一件事：由於國情不同，對於美中貿易戰的判斷經常會有完全相悖的看法，繼而出現許多不可想像的誤判。也許我們會覺得不可思議，但事實上完全不是，這些結果往往與彼此成長環境有很大的關聯。

當我們在面對中美博弈時，隨時要提醒自己，即使兩邊搜集到一模一樣的資訊，在希望自己得到最大利益的前提下，雙方的反應與判斷還是可能有很大的差別。各種數據分析往往是破碎的片段結論，其中有正有反，想要得到最後的最高決策，需使用自己偏好的權重百分比來做調整，畢竟每個人的最終判斷可能完全不同。

基於這樣的認識，再回顧一下貿易戰以來的事實，2018年 5 月開始，美國對價值 2000 億美元的商品調升關稅，要求中國重談貿易協定。川普也擔心貿然加稅，可能會因為產

業鏈尚未脫鉤的緣故，傷害到本土企業，使民眾因關稅增加而減少消費，所以他在一開始提出貿易戰時，即使嘴巴說得很大聲，在做事上卻是很小心。

但是，川普發現過去 2 年美國國民所得的成長，並未因此減弱，而且美國股市還年年頻創新高，即使自己突然發佈談判觸礁，市場短期像驚弓之鳥般下行，但後續還會持續飆高，在這樣的情況之下，川普的行政體制更覺得能進一步加大貿易戰的意圖，也傾向採用鷹派的談判策略。

 ## 美國股市透明度高，是比陸股、港股更好的選擇

在民主體制下，不管是美方的動作或是未來市場的反應和預期，都不太容易會產生黑天鵝的誤區。

再從中國的角度去觀察，過去這麼多年來，中國創造龐大的外匯存底，成為全球第 2 大經濟體，開始輸出其後發優勢的優越性，經濟成就更是國際有目共睹。不過，這幾年內部的權貴階級、貧富不公、環境汙染、地方財政赤字等問題，都讓中央頭痛不已。

但是，至少到目前為止，這些問題還沒有達到可能會形成政治崩盤的局面。當然調整是在所難免，不過調整如果不

需要在貿易戰做出重大讓步，在檯面上的談判還是相對上強硬的。至於會做出多大讓步，則完全要看內部的經濟下滑到底有多嚴重。

正如剛才所提到的，中國文化結構是由上而下，加上媒體基本上都由中央控制，民間想法不容易顯現，批評政府的力道無法引起廣泛討論，網路民意更容易受到國家主義操控。

當舉國皆認為領導的判斷一定是正確時，其正確與否無從得知。因為它就是一個黑盒子，黑盒子內部對其有多少批判很難瞭解。但大家都必須在台面上公開同意，甚至歌功頌德，最壞的情況就是國王的新衣，領導者都在裸奔了，大家卻還在讚美他身上穿著的華服。

由於決定過程無從判斷，所以目前談判期間的任何謠言、事實往往難以分辨，可能領導人的決斷真是天縱英明，或是面臨失誤還加碼下注。

當你在面對投資時，是希望環境較為透明、能隨時應對調整，還是希望政府能隨時為你的投資失誤買單？相較於中國的投資環境，我認為透明度高的美國股市會是更好的選擇，因為我們看得到其風吹草動。反過來，當我們面對的是陸股、港股，就比較無法看清盤勢了。

NOTE

NOTE

Chapter **6**

美股群星閃耀，未來飆股這樣挑就對了！

6-1

從 3 個角度挑選標的，建立投資組合

　　前面已說明美股長期投資報酬的吸引力，列舉在過去 2 年實際操作的幾個投資案例，闡述投資邏輯，分析全球景氣循環，和國際金融在當下的重要性與互動性，接下來我們關注 2 件重要的事情，作為未來投資的參考。

　　首先，是籌碼面的分析，也就是美國的大型金融投資機構針對每季的投資組合，如何保有他們的投資彈性及投資取向？

　　其次，對於過去 1 年內，新上市公司和媒體熱門股，要如何選擇未來亮點？譬如在台灣，我們有興趣的是籌碼面的資料，也就是外資法人、大型投資機構，目前進場持有哪些股票；

　　在美國，證管會要求資產超過 1 億美元以上的投資機構，在每一季需要提供一份持股報告，也就是所謂的 13F。

其內容基本上是投資機構每季在股市的買賣進出，以及投資組合。

就基金法人而言，包括退休基金、共同基金、長期投資基金、避險基金，當然也包括現在很流行的被動式投資的指數型基金。

這些大型基金因為具備長期的信譽和龐大的總持股量，其投資組合和進出自然會對股市產生一定的影響，所以有很好的參考價值。借用台灣的術語，我們把它稱為「籌碼面分析」。

所謂籌碼面中的大型投資機構，基本上有 2 類公司值得注意：

第 1 類，是像波克夏海灣（有關於波克夏投資組合，可查看：BERKSHIRE HATHAWAY Stock Holdingshttps://www.sec.gov/Archives/edgar/data/1067983/000095012319008356/xslForm13F_X01/form13fInfoTable.xml）這樣的大型投資公司，著重標的物的長期績效。

第2類，是像文藝復興科技（Renaissance Technologies）、城堡（Citadel）這類的避險基金公司，強調短期對沖、套利的表現。

 籌碼面：參考波克夏、文藝復興等的持股，遵守上限 5% 原則

接下來，我們附上波克夏海灣、文藝復興科技在上一季的投資組合，給讀者們做為參考（見圖表 6-1）。

一般而言，在配置投資組合時，通常會以「單一個股的比重不超過 10%」，作為分散投資的避險原則，即便是長期持有也是如此。因為投資再好的公司，難免也會有許多不可預知因素讓你看走眼，像是公司重大事件或者市場突發因素等等。

以波克夏海灣為例，它對於銀行股的投資比例相當高，而投資的紐約銀行在 2019 年的報酬率處於賠錢狀態，不過它的紐約銀行持股比例佔整個基金不到 2%，對於投資組合的影響相當有限，不會造成太大的衝擊。

這也是為什麼我一再強調，投資不僅選股重要，投資組合的配置也是另一個重點。

當你不知道應該進場買哪些股票時，何不先看看那些歷史悠久又經營績效優良的老牌基金公司，到底選了哪些標的物，以及目前的投資表現。

如前所述，我們介紹的第 1 類投資公司偏好長期持有優質股，像是股神巴菲特掌管的波克夏海灣。巴菲特講究長期

圖表 6-1 **波克夏海灣 2019 年第二季投資組合**

股市代碼	收盤價	市值	本益比	持有比例	年收益率	產業類別	公司
AAPL	236.41	1,068,384,059,392	20.07	23.74%	42%	高科技業	蘋果
AMZN	1,757.51	869,362,892,800	72.91	0.49%	2%	非日用消費品類	亞馬遜
V	175.73	393,705,455,616	33.74	0.88%	30%	高科技業	維薩信用卡
JPM	120.6	378,261,897,216	11.91	3.20%	16%	金融行業	摩根大通
JNJ	127.72	337,074,814,976	21.21	0.02%	-4%	醫療保健類	強生
PG	117.49	294,033,981,440	82.16	0.02%	22%	日常消費品業	寶潔
BAC	30.36	276,709,867,520	11.19	12.92%	7%	金融行業	美國銀行
MA	270.72	274,661,687,296	41.76	0.63%	28%	高科技業	萬事達
KO	54.78	234,240,917,504	33.4	9.79%	14%	日常消費品業	可口可樂
WFC	49.98	213,371,617,280	10.75	9.32%	2%	金融行業	富國銀行
COST	302.86	133,154,512,896	36.67	0.55%	41%	日常消費品業	好市多
UPS	117.32	100,743,274,496	21.41	0.00%	11%	傳統工業類	聯合包裹
CHTR	440.05	97,461,387,264	74.41	1.03%	33%	非日用消費品類	憲章通信
AXP	116.74	96,856,137,728	14.44	8.99%	14%	金融行業	美國運通
USB	55.06	86,765,199,360	12.92	3.34%	8%	金融行業	美國合眾銀行
MDLZ	54.48	78,568,333,312	21.33	0.01%	18%	日常消費品業	蒙戴雷　國際
GS	206.51	74,253,557,760	9.23	1.80%	4%	金融行業	高盛
PNC	143.53	63,907,733,504	12.87	0.57%	17%	金融行業	PNC 銀行
GM	36.17	51,640,991,744	5.76	1.34%	-7%	非日用消費品類	通用汽車
PSX	107.2	48,083,701,760	9.25	0.25%	12%	能源業	菲利普斯 66普通股

股市代碼	收盤價	市值	本益比	持有比例	年收益率	產業類別	公司
BK	45.34	42,745,012,224	11.81	1.72%	-13%	金融行業	紐約梅隆銀行
MCO	217.39	41,130,188,800	33.72	2.32%	37%	金融行業	穆迪信用評等
TRV	141.37	36,810,768,384	14.12	0.43%	13%	金融行業	旅行者財產險集團
DAL	53.84	34,820,640,768	7.62	1.93%	9%	傳統工業類	達美航空
KHC	27.61	33,683,924,992	nan	4.86%	-43%	日常消費品業	KHC 食品
LUV	53.47	28,741,033,984	12.42	1.31%	-6%	傳統工業類	西南航空
SIRI	6.43	28,612,343,808	29.1	0.37%	10%	非日常消費品類	Sirius Xm Holdings Inc.
UAL	90.08	23,144,726,528	8.41	0.92%	3%	傳統工業類	聯合大陸航空
SYF	34.3	22,755,991,552	7.16	0.35%	14%	金融行業	辛克羅尼財務
VRSN	185.51	21,959,188,480	35.59	1.30%	10%	高科技業	威瑞信科技
MTB	152.23	20,348,127,232	10.88	0.44%	-7%	金融行業	MT 銀行
AAL	28.22	12,565,548,032	8.34	0.68%	-21%	傳統工業類	美國航空
TMK	88.1	9,685,801,984	13.93	0.27%	0%	金融行業	炬標保險
DVA	58.67	9,404,801,024	72.16	1.04%	5%	醫療保健類	達維塔保健
TEVA	7.5	8,664,524,800	nan	0.19%	-62%	醫療保健類	梯瓦製藥

持有優質股，一貫的名言就是：「只有在海水退潮的時候，才知道誰沒有穿褲子。」這代表當海水漲潮時，大家都賺錢沒什麼了不起，但是當海水退潮時，你還能不賠錢甚至繼續賺錢，才是關鍵。

它的邏輯在於耐心選擇對的股票，並且長期持有。當然，有效的投資配置也能降低集中投資的風險。

眾所周知，波克夏海灣一直很喜歡可口可樂（證券代號：KO）、美國銀行（證券代號：BAC）等幾檔股票，即便是現在，仍舊很看好它們。可是，如果仔細觀察波克夏海灣的投資組合，就能發現它們的比重已經不像過去那麼多了。這並不代表它們有所減少，而是波克夏海灣已逐漸增強了其他部位的投資配置，比如讓波克夏海灣獲得極高報酬率的蘋果公司。

雖然巴菲特曾說過，他不喜歡自己不懂的公司，尤其是像科技股、財務槓桿這一類投資，但實際上他只是不願意單純投資純科技的公司，所以像蘋果這種有科技的「零售業」公司，波克夏海灣依然選擇買進，而且持有比例更是從原來的不足 10％，升高到 20％左右。

但要注意，這 20％是因為買入蘋果後，過去 3 年的獲利超過 1 倍以上，並非一開始就買進這麼大的持有比例。蘋果這麼大型的公司，從波克夏海灣持有到現在的 3 年內，竟

然能夠有 2 倍左右的漲幅,屬於非常特殊的案例。

由波克夏海灣投資的企業來看,幾乎沒有不賺錢的公司,顯示巴菲特重視財報,也就是企業長期的獲利成長,比較屬於傳統智慧的投資做法,而不是現代流行的網路經濟投資。反觀,以燒錢的方式快速擴大市場佔有率為競爭模式,即便賠錢也能持續融資經營的公司,目前尚未在他的投資組合名單中出現。

總結波克夏海灣的投資組合,各位可以看到佔比最大的產業是極受巴菲特偏愛的金融銀行股。對於有興趣買入銀行股的投資者來說,波克夏海灣的投資組合就是最好的參考依據,可以做為投資金融股的判斷。

由持股比重,我們可以看到除了蘋果之外,美國銀行是波克夏海灣持有比例最高的公司,算是巴菲特最看好的金融機構,至於位居第 2 名的美國運通也是金融產業的一員。巴菲特最常提到的這兩家公司,正好都與美國有關。其他包括富國銀行、美國合眾銀行、摩根大通等等,也都在波克夏海灣的投資組合中享有挺高的佔比。

波克夏海灣幾乎快要持有美國所有銀行股,其中美國銀行、富國銀行、摩根大通,皆屬於美國四大銀行中的一員,此外 PNC 銀行是眾所周知的全美第 6 大銀行,唯有花旗銀行沒有投資。不過,花旗本來是跟一家叫做旅行家集團(證

券代號：TRV）的保險公司在一起，後來才進行分拆，巴菲特雖然沒有投資花旗，但是仍有投資屬於保險業的旅行家。

銀行股可說是巴菲特的最愛，考慮購買金融股的投資者參考波克夏海瀾的選股，基本上不會有太大的問題。不過，在 2008 年的金融海嘯後，發生一個前後矛盾的情形。

照道理而言，在 2008 年，由於當時的前 10 大金融機構，已形成「大到不能倒」的經濟規模，一旦倒閉，整個社會必須付出更重大的社會成本，也就是大規模的失業及經濟蕭條，所以美國財政部決定運用納稅者的錢，對於這些大銀行進行紓困。

但是，這樣紓困可能造成企業就算賠錢，也要擴大規模，逼著政府不得不救的道德風險。所以，依照美國政府原來的想法，在金融海嘯之後，不能夠再允許規模太大的銀行繼續存在，否則下一次再發生金融危機，又是由全體納稅人來買單。

但弔詭的是，現在的 4 家大型銀行卻比 2008 年時更大。當初發生金融海嘯時，財政部逼得 4 大銀行必須併購其他較小的銀行，才能夠維持足夠的銀行儲備，所以現在 4 大銀行的規模其實比 2008 時還要大上 1 倍左右。

另外，波克夏海瀾持有的高盛集團股票，是在 2008 年高盛出問題時買進，從現在的持有比率來看，大約落在

1.8％，當初買高盛的股價僅有 50 美元，10 年來漲了 4 倍，是相當好的投資。

這幾年，波克夏海灣也購買亞馬遜及威瑞信科技（見圖表 6-2），不過比例就相對低很多，即使賺錢也獲利有限。這裡為什麼會特別提到這 2 檔股票？其實，你只要把和波克夏海灣投資模式完全相反的文藝復興科技（Renaissance Technologies）拿來做比較，就能看出端倪。

關於第 2 種投資公司，以文藝復興科技為例，它的對沖基金完全以數量取勝。文藝復興科技的創始人詹姆斯・西蒙斯（James Simons），原來是位數學博士，自創了一個以數量化模型為主的對沖基金，而文藝復興更是最早開始用人工智慧科技，進行各式各樣交易的基金公司。（見圖表 6-3）

在 2008 年以後，這些大型投資機構需要把前 1 季的投資組合，向美國證管會報備，讓大眾有機會一窺對沖基金如

圖表 6-2 ▶ **波克夏海灣與文藝復興科技的重複投資組合**

股市代碼	收盤價	市值	本益比	年收益率	產業類別	公司
AAPL	236.41	1,068,384,059,392	20.07	42%	高科技業	蘋果
JNJ	127.72	337,074,814,976	21.21	-4%	醫療保健類	強生
VRSN	185.51	21,959,188,480	35.59	10%	高科技業	威瑞信科技

圖表 6-3　　**文藝復興科技 2019 年第二季投資組合**

股市代碼	收盤價	市值	本益比	持有比例	年收益率	產業類別	公司
AAPL	236.41	#############	20.07	0.40%	42%	高科技業	蘋果
FB	185.85	530,220,777,472	31.43	0.58%	11%	高科技業	臉書
WMT	119.15	338,895,962,112	26.94	0.45%	24%	日常消費品業	沃爾瑪
JNJ	127.72	337,074,814,976	21.21	0.53%	-4%	醫療保健類	強生
TSM	49.28	246,799,663,104	22.1	0.49%	31%	高科技業	台積電
PEP	136.25	189,986,996,224	15.5	0.68%	21%	日常消費品業	百事可樂
BP	37.49	127,441,002,496	14.27	0.45%	-9%	能源業	英國石油
AMGN	202.72	121,571,385,344	16.1	0.48%	8%	醫療保健類	安進
SBUX	86.03	102,977,904,640	30.76	0.69%	26%	非日用消費品類	星巴
BMY	53.02	86,728,523,776	13.97	0.83%	7%	醫療保健類	施貴寶
GILD	64.91	82,205,925,376	14.07	0.76%	-7%	醫療保健類	吉利德科學
GE	8.96	78,194,548,736	nan	0.49%	-8%	傳統工業類	通用電氣
CELG	102.95	72,964,882,432	14.07	0.73%	16%	醫療保健類	新基
DUK	95.37	69,486,682,112	21.09	0.65%	9%	公共事業類	杜克能源
EL	185.58	67,017,392,128	38.5	0.36%	36%	日常消費業	雅詩蘭黛
SO	61.13	63,894,913,024	14.4	0.45%	26%	公共事業類	南方公司
VMW	152.12	62,161,096,704	10.12	0.57%	1%	高科技業	威睿
CCI	144.13	59,922,771,968	72.83	0.33%	23%	地產業	皇冠城堡國際公司
AGN	173.58	56,951,074,816	nan	0.40%	21%	醫療保健類	眼力健

經濟學博士教你 **美股存股課**

股市代碼	收盤價	市值	本益比	持有比例	年收益率	產業類別	公司
VOD	20.61	54,943,789,056	nan	0.34%	13%	電信類	沃達丰
MU	43.47	47,982,190,592	7.89	0.33%	14%	高科技業	美光科技
AEP	94.13	46,480,924,672	23.53	0.37%	19%	公共事業類	美國電力
VRTX	176.23	45,297,278,976	20.68	0.90%	-8%	醫療保健類	頂極製藥公司
PGR	70.2	41,042,288,640	13.06	0.49%	4%	金融行業	進步公司
BIIB	220.06	40,589,406,208	8.2	0.51%	-34%	醫療保健類	生化基因
HUM	289.45	39,101,509,632	15.82	0.69%	-6%	醫療保健類	人道健康保險
EBAY	38.82	32,560,820,224	15.01	0.41%	15%	高科技業	易趣科技
HSY	153.11	32,088,641,536	26.49	0.50%	44%	日常消費品業	好時
MNST	56.05	30,543,192,064	29.2	0.48%	-2%	日常消費品業	怪獸飲料
TEAM	116.86	28,279,652,352	nan	0.53%	19%	高科技業	Atlassian Corporation Plc
S	6.41	26,235,488,256	nan	0.40%	3%	電信類	斯普林特
ETR	118.19	23,499,718,656	23.23	0.39%	32%	公共事業類	安特吉
CMG	841.56	23,330,400,256	94.92	1.16%	59%	非日用消費品類	奇波雷墨西哥燒烤
VRSN	185.51	21,959,188,480	35.59	1.42%	10%	高科技業	威瑞信科技
PANW	212.62	20,622,118,912	nan	0.91%	-1%	高科技業	Palo Alto Networks Inc.
ALGN	213.88	17,082,787,840	41.54	0.61%	-14%	醫療保健類	對齊科技有限公司
EVRG	63.33	14,912,125,952	26.63	0.35%	10%	公共事業類	EVERGY, INC.

股市代碼	收盤價	市值	本益比	持有比例	年收益率	產業類別	公司
UDR	49.83	14,592,316,416	87.12	0.36%	14%	地產業	聯合多明尼加地產信托
CBOE	116.75	13,038,873,600	25.63	0.42%	25%	金融行業	芝加哥期權交易所
NTAP	53.49	12,725,966,848	13.67	0.36%	-16%	高科技業	網路器械公司
DPZ	255.92	10,467,256,320	28.19	0.57%	-10%	非日常消費品類	達美樂比薩
ABMD	175.3	7,954,535,424	31.37	0.56%	-50%	醫療保健類	ABIOMED INC
RL	95.02	7,337,587,200	17.51	0.41%	-18%	非日用消費品類	拉夫 勞倫
MOMO	33.07	6,843,439,616	16.21	0.42%	9%	高科技業	陌陌
ETSY	57.61	6,819,065,344	67.07	0.37%	5%	非日常消費品類	Etsy Inc.

何進行投資。單從文藝復興科技投資的前 50 檔股票，就可以明顯看出它與波克夏海灣有極大的區別。

例如，文藝復興科技持有通訊軟體陌陌（證券代號：MOMO）和臉書（證券代號：FB）這類新型態的企業，還買入像台積電（證券代號：TSM）、奇波雷墨西哥燒烤（證券代號：CMG）這類型的企業，都跟波克夏有極大的差別（見圖表 6-3）。

其中，奇波雷墨西哥燒烤算是相當特別的股票。它的股價目前大約落在 800 美元左右，2 年漲了差不多 2.5 倍半。

這裡有個很值得注意的現象，就是在過去 5 年內績效特別好的，都是與食品類有關又做到連鎖零售店面的企業。

反過來說，製衣有關的零售類就很慘，像是今年就有知名的快時尚（Forever 21，美國零售商）宣告破產，即使是拉爾夫·勞倫（RalphLauren，證券代號：RL，美國經典款POLO 衫品牌），從年初到現在也下跌將 18%。

雖然文藝復興科技投資的新創企業不少，但有些公司到今年為止的表現不是很理想，例如：–50% 的麻州醫療器材供應商（ABIOMED，證券代號：ABIO）、–34% 的生化基因（BIIB）等等。仔細看看文藝復興科技的投資組合，可以看到它對於那些年初至今負報酬率的公司持有比例都很小，所以單就總量而言，文藝復興科技是一間很好的基金公司。

但是這樣問題就來了，到底應該要關注在長期還是短期？雖然短利及消息面容易引起我們的注意力，可是像波克夏海灣的投資邏輯，仔細找到好的選擇、長期將資金押注在上面，也未嘗不是好方法。

不過，對一般人而言，這樣的觀念其實很困難，因為我們常常會受到各種消息面和新創公司的影響，讓我們的資金很難長期穩定投注在固定的部位。

雖然大部分的人可能都不是每天買賣股票的專業人士，照理來說應該要像巴菲特一樣，但事實上很多人也因為這

樣，不可能像巴菲特深入地研究 1 檔股票。

所以，拿這些大型投資公司和基金的投資組合當作參考，特別是比較兩種風格截然不同的投資組合，每天或每月定期觀察它們的持有名單，以及現在轉換哪些比重，像是每3 個月到底多持有哪些股票、少持哪些股票，這其實對於投資人而言是有一定的作用。

更何況市場上有這麼多的公司，有時候投資人很難做出選擇。所以，即便各位讀者已擁有一套選股邏輯，參考這幾家投資公司的投資模式，仍然可以作為對應市場選擇的代表性分析。

此外，如上圖的資料，我們特別選出另外幾家投資公司供讀者參考。像黑石（Blackrock）是全球最大的資產配置公司，擁有高達 5 兆的投資金額，分配上幾乎是包山包海的等級，其中光是股票部分的投資就超過 2 兆。因為黑石幾乎持有近 5,000 多檔股票，所以這裡只能先選取佔比最高的前50 檔給讀者參考。相對其他基金公司而言，其代表性比較沒有那麼明顯（見圖表 6-4）。

至於橋水（Bridgewater），則和波克夏海灣一樣屬於傳統智慧型的基金。雖然橋水的名氣沒有像波克夏海灣那麼大，但事實上其投資策略非常優秀。從圖表中可以看到，兩者雖然同樣採取傳統智慧型的投資模式，但橋水的持有不像

黑石 2019 年第二季投資組合

股市代碼	收盤價	市值	本益比	持有比例	年收益率	產業類別	公司
AAPL	236.41	#############	20.07	2.36%	42%	高科技業	蘋果
MSFT	137.41	#############	27.16	2.87%	32%	高科技業	微軟
AMZN	1,757.51	869,362,892,800	72.91	2.09%	2%	非日用消費品類	亞馬遜
GOOG	1,245.49	863,398,526,976	25.14	0.93%	12%	高科技業	谷歌
GOOGL	1,244.41	863,094,177,792	25.12	0.88%	11%	高科技業	谷歌
FB	185.85	530,220,777,472	31.43	1.24%	11%	高科技業	臉書
BABA	169.16	440,419,909,632	48.37	0.56%	0%	非日用消費品類	阿里巴巴
V	175.73	393,705,455,616	33.74	0.91%	30%	高科技業	維薩信用卡
JPM	120.6	378,261,897,216	11.91	1.03%	16%	金融行業	摩根大通
WMT	119.15	338,895,962,112	26.94	0.40%	24%	日常消費品業	沃爾瑪
JNJ	127.72	337,074,814,976	21.21	1.11%	-4%	醫療保健類	強生
PG	117.49	294,033,981,440	82.16	0.78%	22%	日常消費品業	寶潔
XOM	67.62	286,107,664,384	16.29	0.91%	-8%	能源業	埃克森美孚
T	38.46	281,027,215,360	16.22	0.65%	28%	電信類	美國電話電報
BAC	30.36	276,709,867,520	11.19	0.68%	7%	金融行業	美國銀行
MA	270.72	274,661,687,296	41.76	0.72%	28%	高科技業	萬事達
HD	237.99	260,634,738,688	23.74	0.60%	30%	非日用消費品類	家得寶
VZ	61.06	252,529,508,352	15.95	0.77%	11%	電信類	威瑞森通訊
DIS	130.92	235,836,669,952	16.86	0.66%	17%	非日用消費品類	華特迪士尼
KO	54.78	234,240,917,504	33.4	0.56%	14%	日常消費品業	可口可樂
UNH	245.64	232,788,361,216	17.87	0.72%	-9%	醫療保健類	聯合健康
INTC	51.36	227,524,804,608	11.93	0.59%	9%	高科技業	英特爾
CVX	114.81	217,957,597,184	14.87	0.69%	0%	能源業	雪佛龍

股市代碼	收盤價	市值	本益比	持有比例	年收益率	產業類別	公司
MRK	84.7	216,863,326,208	23.75	0.68%	14%	醫療保健類	默克集團
WFC	49.98	213,371,617,280	10.75	0.59%	2%	金融行業	富國銀行
CMCSA	45.57	207,115,206,656	17.41	0.58%	25%	非日用消費品類	康卡斯特
PFE	36.46	201,662,070,784	16.85	0.78%	-14%	醫療保健類	輝瑞製藥
CSCO	46.71	198,297,485,312	17.9	0.70%	-1%	高科技業	思科科技
BA	344.21	193,690,402,816	39.46	0.53%	-11%	傳統工業類	波音
PEP	136.25	189,986,996,224	15.5	0.57%	21%	日常消費品業	百事可樂
ORCL	54.55	179,061,473,280	17.86	0.42%	9%	高科技業	甲骨文
C	69.74	170,312,040,448	9.26	0.47%	8%	金融行業	花旗
MCD	208.48	158,328,881,152	27.38	0.45%	17%	非日用消費品類	麥當勞
ABT	82.8	146,331,877,376	50.92	0.45%	13%	醫療保健類	雅培製藥
MDT	108.15	145,101,619,200	33.16	0.44%	22%	醫療保健類	美敦力
ADBE	265.52	128,532,652,032	47.25	0.42%	7%	高科技業	奧多比系統
PM	80.57	125,354,024,960	16.04	0.34%	5%	日常消費品業	菲利普莫里斯
CRM	144.08	123,968,593,920	119.67	0.36%	-5%	高科技業	賽富時雲端科技
AMGN	202.72	121,571,385,344	16.1	0.37%	8%	醫療保健類	安進
TXN	129.46	120,866,447,360	23.63	0.33%	29%	高科技業	德州儀器
NFLX	275.3	120,535,973,888	88.21	0.42%	-19%	非日用消費品類	奈飛
HON	165.55	119,114,547,200	17.51	0.33%	15%	傳統工業類	霍尼韋爾
PYPL	101.22	119,103,545,344	48.25	0.36%	14%	高科技業	貝寶控股
ACN	186.93	119,055,704,064	25.4	0.34%	22%	高科技業	埃森哲
IBM	134.13	118,822,420,480	13.85	0.35%	0%	高科技業	國際商業機器
TMO	281.4	112,693,944,320	32.13	0.34%	15%	醫療保健類	賽默飛世爾科技

圖表 6-5 橋水 **2019** 年第二季投資組合

股市代碼	收盤價	市值	本益比	持有比例	年收益率	產業類別	公司
BABA	169.16	440,419,909,632	48.37	0.42%	0%	非日用消費品類	阿里巴巴
INTC	51.36	227,524,804,608	11.93	0.22%	9%	高科技業	英特爾
CMCSA	45.57	207,115,206,656	17.41	0.23%	25%	非日用消費品類	康卡斯特
CVS	66.16	86,041,083,904	18.13	0.19%	1%	日常消費品業	CVS 連鎖藥局
MU	43.47	47,982,190,592	7.89	0.25%	14%	高科技業	美光科技
BIIB	220.06	40,589,406,208	8.2	0.46%	-34%	醫療保健類	生化基因
NEM	38.44	31,516,725,248		0.18%	13%	基礎材料	紐蒙特礦業
CCL	42.8	30,496,839,680	9.7	0.37%	-26%	非日用消費品類	嘉年華遊輪
STT	63.38	23,614,058,496	11.48	0.18%	-11%	金融行業	道富銀行
K	61.95	21,102,151,680	24.85	0.23%	5%	日常消費品業	家樂氏
KR	23.94	19,190,806,528	11.92	0.31%	-15%	日常消費品業	克羅格
NUE	51.68	15,667,153,920	7.28	0.29%	-16%	基礎材料	紐柯鋼鐵
NTAP	53.49	12,725,966,848	13.67	0.22%	-16%	高科技業	網路器械公司
PHM	38.3	10,502,587,392	11.64	0.18%	38%	非日用消費品類	帕爾迪
EMN	73.1	10,014,261,248	11.25	0.18%	-9%	基礎材料	伊斯曼化工
KSS	50.6	8,051,826,176	11.17	0.27%	-26%	非日用消費品類	科爾士百貨
IPG	20.65	7,996,154,880	12.45	0.26%	-9%	非日用消費品類	埃培智
PVH	87.39	6,479,426,560	9.82	0.38%	-20%	非日用消費品類	PVH 服裝
ADS	123.54	6,312,597,504	7.64	0.60%	-30%	高科技業	聯合數據
JWN	34.6	5,360,058,880	11.42	0.24%	-25%	非日用消費品類	諾德斯特龍

股市代碼	收盤價	市值	本益比	持有比例	年收益率	產業類別	公司
FL	44.4	4,752,531,968	9.63	0.20%	-21%	非日用消費品類	富樂客
M	15.12	4,670,794,752	4.6	0.35%	-43%	非日用消費品類	梅西百貨
LB	16.33	4,513,481,216	7.87	0.19%	-41%	非日用消費品類	LB 服飾
XEC	41.33	4,193,218,048	6.72	0.35%	-45%	能源業	西馬雷克斯能源
BBBY	12.53	1,585,872,000	nan	0.33%	-17%	非日用消費品類	床衛浴和以外公司

波克夏海灣那麼長期，每 3 個月還是會頻繁更換標的，所以它的投資配置不像波克夏海灣那麼偏愛金融業（見圖表6-5）。

橋水投資的範圍包含基礎材料、日常消費品等等，投資喜好大部份都與日常及非日常消費品有關，而且投資組合基本上相當分散，每檔個股佔比幾乎不到 1%，能源類僅有一檔。

這也是為什麼我一再強調，能源股永遠不會是我的選項，因為只要邏輯一樣，大家對投資的看法還是會有一定的相通性。

緊接著，我要跟各位讀者提到的，是介於對沖基金和傳統基金之間的高盛集團（Goldman Sachs）。在高盛的投資組合中，佔比最大的是醫療保健類。而且，高盛也投資一些

經濟學博士教你 **美股存股課**

金融同業、有合作關係的企業，以外非日用品消費產業和高
科技產業。總結來說，高盛算是一個很好的分散產業投資代

圖表 6-6 ▶ 高盛 2019 年第二季投資組合

股市代碼	收盤價	市值	本益比	持有比例	年收益率	產業類別	公司
AAPL	236.41	1,068,384,059,392	20.07	1.70%	42%	高科技業	蘋果
MSFT	137.41	1,049,181,683,712	27.16	1.69%	32%	高科技業	微軟
AMZN	#######	869,362,892,800	72.91	1.37%	2%	非日用消費品類	亞馬遜
GOOG	#######	863,398,526,976	25.14	0.59%	12%	高科技業	谷歌
GOOGL	#######	863,094,177,792	25.12	0.68%	11%	高科技業	谷歌
FB	185.85	530,220,777,472	31.43	1.17%	11%	高科技業	臉書
BABA	169.16	440,419,909,632	48.37	0.59%	0%	非日用消費品類	阿里巴巴
V	175.73	393,705,455,616	33.74	0.79%	30%	高科技業	維薩信用卡
JPM	120.6	378,261,897,216	11.91	0.56%	16%	金融行業	摩根大通
WMT	119.15	338,895,962,112	26.94	0.32%	24%	日常消費品業	沃爾瑪
JNJ	127.72	337,074,814,976	21.21	0.55%	-4%	醫療保健類	強生
PG	117.49	294,033,981,440	82.16	0.44%	22%	日常消費品業	寶潔
XOM	67.62	286,107,664,384	16.29	0.40%	-8%	能源業	埃克森美孚
T	38.46	281,027,215,360	16.22	0.35%	28%	電信類	美國電話電報
BAC	30.36	276,709,867,520	11.19	0.34%	7%	金融行業	美國銀行
MA	270.72	274,661,687,296	41.76	0.37%	28%	高科技業	萬事達
HD	237.99	260,634,738,688	23.74	0.32%	30%	非日用消費品類	家得寶

股市代碼	收盤價	市值	本益比	持有比例	年收益率	產業類別	公司
VZ	61.06	252,529,508,352	15.95	0.43%	11%	電信類	威瑞森通訊
DIS	130.92	235,836,669,952	16.86	0.39%	17%	非日用消費品類	華特迪士尼
UNH	245.64	232,788,361,216	17.87	0.33%	-9%	醫療保健類	聯合健康
CVX	114.81	217,957,597,184	14.87	0.35%	0%	能源業	雪佛龍
MRK	84.7	216,863,326,208	23.75	0.36%	14%	醫療保健類	默克集團
WFC	49.98	213,371,617,280	10.75	0.32%	2%	金融行業	富國銀行
CMCSA	45.57	207,115,206,656	17.41	0.35%	25%	非日用消費品類	康卡斯特
PFE	36.46	201,662,070,784	16.85	0.50%	-14%	醫療保健類	輝瑞製藥
CSCO	46.71	198,297,485,312	17.9	0.55%	-1%	高科技業	思科科技
BA	344.21	193,690,402,816	39.46	0.31%	-11%	傳統工業類	波音
PEP	136.25	189,986,996,224	15.5	0.29%	21%	日常消費品業	百事可樂
ORCL	54.55	179,061,473,280	17.86	0.29%	9%	高科技業	甲骨文
ABT	82.8	146,331,877,376	50.92	0.30%	13%	醫療保健類	雅培製藥
ADBE	265.52	128,532,652,032	47.25	0.32%	7%	高科技業	奧多比系統
NFLX	275.3	120,535,973,888	88.21	0.30%	-19%	非日用消費品類	奈飛
PYPL	101.22	119,103,545,344	48.25	0.33%	14%	高科技業	貝寶控股
UNP	161.39	113,704,091,648	19.15	0.33%	2%	傳統工業類	聯合太平洋
AMT	229.09	101,414,707,200	69.21	0.33%	33%	地產業	美國電塔
UBER	32.04	54,468,001,792	nan	0.94%	-21%	高科技業	優步
TSLA	256.95	46,026,686,464	nan	0.34%	-16%	非日常消費品類	特斯拉
AVTR	14.34	8,158,743,552	nan	0.43%	-18%	基礎材料	Avantor 公司

表（見圖表 6-6）。

當暫時沒有特殊的產業偏好，又不知道如何進行資產配置時，我個人比較喜歡用波克夏海灣的資產配置，作為長期投資的參考。

因為它會告訴你，哪些產業的未來值得期待，或是長期持有不會出太大問題。金融業就是一個典型案例，它不一定會賺大錢，但基本上金融業公司在本業上都是賺錢，不容易一路大跌。因此，長期來看，這仍然是相對穩健的投資選擇。

再看當巴菲特開始選擇投資蘋果時，代表他已開始重視科技業的長期表現。但是，在思考關於科技業的選股時，參考文藝復興科技的對沖基金，有時候反而更有價值，因為做數量模型的投資本來就屬於比較短線的操作，而一般投資者在做短線操盤時，總會喜歡快進快出，希望從市場賺取快錢。

這時候，以文藝復興科技的基金做為參考，是比較好的做法。畢竟，該公司換股就像換衣服一樣快，對各個產業的投資想法也隨時更新。比如說，這些對沖基金在短期內，突然大量持有與醫療保健有關的股票，我們可以跟著這些基金去觀察、探索其中的投資機會。

當然也有幾檔個股同時受到對沖基金與傳統基金的青睞，特別是金融業中的銀行股。目前為全美第 6 大銀行的

PNC 就很有意思，它本來是中型銀行，在與另一家銀行Suntrust 合併以後，才有現在的規模。PNC 之所以會選擇合併，最大原因在於認為未來將是金融科技自動化的時代。

對於銀行來說，在未來想要有足夠的競爭力，必須在金融科技上投入大量的資金，也表示自動化科技對銀行的客戶，必須有足夠大的規模來做應用，才能使得成本與利潤之間得到平衡。所以，銀行的合併不再是像以前，需要更多的分行來吸收存款，而是需要大量的網上客戶來支持金融科技的應用。

這也是為什麼我們經常說台灣的銀行實在是太小，需要把很多銀行兜在一起，或是由政府提供金融科技的資源給業界分享，才能讓各個銀行的自動化業務往上提升。

所謂的科技提升，現在主流的看法都是 AI（人工智慧），但實際上，所謂的 AI，概念大多都集中在自動化的部分。確實，自動化才是未來趨勢，不管在哪一個行業都需要它。

再者，與自動化有最大關聯就是金融科技，因此近年來科技股的表現總是佔上風。因為科技本身幾乎服務各行各業，所以新興對沖基金擁有的科技股越來越多。

必須注意的是，科技股雖然有時候看起來想像空間極大，但非常容易令人天馬行空，因為我們永遠不知道這項科

技的應用是不是真的符合需求？即使符合需求，是否真能賺到錢，也就是商業模式何在？

所以，在看科技股時要注意兩件事情：第一、如果它已經是間能賺錢的公司，那當然很好，但如果它還沒有開始賺錢，仍舊是屬於所謂網路經濟、燒錢搶市佔率的階段時，你就得具備足夠的想像力，但不能因為想像力過於天馬行空，就在這檔股票上投入過多的資金。

第二、如同前面所言，5％的投資組合上限，是很重要的投資原則。

永遠不要把手中的雞蛋放在同一個籃子裡，即便你有5個籃子也要特別小心。所以，從文藝復興科技公司的對沖基金投資組合中，我們可以發現即便它投資這麼多科技股，每一檔股票所佔的比例也都相當小。其中唯一超過1％的公司，就只有威瑞信科技。

但威瑞信本身不算是科技業，它經營的其實是電信業，當然電信與科技基本上是相通。換言之，威瑞信之所以同時受到文藝復興科技與波克夏海灣的喜愛，是因為它在電信業的寡佔地位。

今天，假設你在美國想要有網路通訊，基本上使用的是康卡斯特（CMCSA）或是威瑞信，沒有其他選擇，而這兩家公司在1930年代以前是同一家，也就是AT&T。

看到這裡，相信讀者們能明白電信公司的魅力究竟在哪裡吧？基本上，它們以前是獨佔企業，完全壟斷市場，所以電信業表面上是科技，實際上是壟斷的行業。這也解釋了為什麼在文藝復興科技所投資的前 50 大企業當中，唯一一間佔比超過 1%，而且與波克夏海灣看法相同的個股，會是威瑞信科技。

就我的想法來看，當我們投資概念股時，可以把大型基金當作籌碼面一樣，做為概念股的「概念」。它可以提供的參考價值其實非常豐富，例如：從產業面去思考，或是解讀它們的投資組合，並融合不同基金的想法，像是傳統基金的長期看法和數量基金的短線看法。

如此一來，大家在確認投資組合時，可以有比較不同的考量。所謂不同的考量，不僅限於本書提到的選股邏輯，因為這些基金每一季都會變化，定期讓你知道它們的投資組合是否仍舊有效。

此外，我們能從中瞭解到，並不是每檔股票都能夠如期獲利。事實上，再厲害的投資機構也有可能會出問題，重點在於當風險發生之際，你要如何成功分散風險，把傷害降到最小？在知名基金的持股當中，當然也有不少股票賠錢甚至股價腰斬，但假若這些賠錢的股票只佔整個持股比例不到 1%，即使全賠也才 1%。

因此，只要選股邏輯和投資組合策略正確，仍然可以靠大部分的獲利來輕鬆彌補損失。

雖然在選股的章節中，我沒有特別強調投資組合的重要性，但對我來說，投資組合仍然是一個非常重要的概念。千萬不要只是想著選股而已，在選股的同時，也要仔細考慮該如何分散風險，這是其一。此外，前面的章節也提到所謂的選時，因為你不可能永遠都挑到對的時機進場，所以要觀察的基本上是屬於趨勢性的看法，這是其二。

所謂的選股，並非只是單純選擇一檔股票。背後要有正確的資產配置觀念，來分散風險，簡單來說，就是要以總投資 5% 原則做為投資的起點。

投資是一個長期的戰場，你今天贏的錢有可能明天輸掉。雖說是投資，其實有時候我們的心態也像在賭場裡的賭徒，容易受市場漲跌所影響，因此隨時要告誡自己，避免產生「昨天輸，今天押雙倍」的想法，以免押到最後全盤皆輸、身無分文。

由於投資屬於長期的概念，唯有堅持一定程度的投資組

合，才能夠穩定心情、保持獲利，尤其在面對風險時，才不會因為重押而讓心態失去平衡，做出不理性的決策。

 媒體影響：黑名單比白名單重要，還要小心波動率高的股票

在熟悉主題、掌握籌碼以後，緊接著要提到媒體對股市的影響。說到美國財經媒體，就不得不提到家喻戶曉的財經人物吉姆・克萊默（Jim Cramer），以及他從 1990 年代至今主持將近 30 年、由 CNBC 播出的招牌電視節目《錢來瘋》（Mad Money）。

《錢來瘋》的播放時間從週一到週五，每天都邀請一些特別來賓或讀者，在節目上進行訪問與即時問答，分享他們對於美國股市的看法，或近期關注哪幾檔股票等等，除了電視以外，《錢來瘋》在網路上和「TheStreet.com」合作，每天都列出一些重要股票的多空清單，基本上會分為 5 個類型來分析，分別是推薦買進（Buy）、偏多看待（Pos Mention）、觀望或持有（Hold）、偏空看待（Neg Mention）、建議賣出（Sell）（Mad Money-TheStreet：https://www.thestreet.com/mad-money）。

上述這 5 種類型，在網站中又可細分為《錢來瘋》本身

推薦、來賓訪談提及、讀者 Call in 詢問,以及眾人討論結果等多種類型,並不全部代表《錢來瘋》的立場。

我認為這個節目的好處在於,它討論的一定是在市場上得到關注的股票,這就是所謂的「媒體概念股」。不論你喜歡或不喜歡,基本上美國大部分的散戶都會關注這個節目,而股票只要一受到眾人關注,它的流動性與交易量都會在被討論時增加,這也代表當它要漲時就漲得快,但反過來要跌時也跌得很快。

舉個我親眼看過的例子,《錢來瘋》曾經邀請一位基金操盤手當特別來賓,除了分享他的看法與基金持股名單,也隨口詢問他當下最關注的個股。當時,這位來賓提及一檔化妝品公司露華濃(Revlon,美股,證券代號:REV),而恰巧在節目訪談來賓時,這支股票馬上在 20 分鐘內上漲 20%,可以明顯看出這個節目受歡迎的程度,以及會對股市帶來多大的影響。

不知道是不是巧合,節目中提及的 Revlon 在 2 個月內,股價從 14 元一路上漲到 26 元。對於因為看了這個節目而買露華濃的投資人來說,《錢來瘋》的可信度肯定提高不少。

但在我的看來,這樣的電視節目其實是娛樂效果大於邏輯。當節目說某間公司好,觀眾會很興奮,若節目說某間公司不好,觀眾會跟著緊張,因此它傳遞的邏輯或訊息很可能

會影響我們的投資判斷。以我在做交易時，更希望透過較客觀而有邏輯的作法，分析這樣由媒體建議而列出的熱門股票（簡稱為媒體概念股），對於股市到底有多大的影響？

接下來在下頁兩張圖表中，我將《錢來瘋》在 2019 年每一天推薦的買入清單，全部整理起來，並且預設隔天買入，持有 1 個月後再賣出，來計算股票的單月報酬率，以及節目的勝率。從結果可以看出，節目勝率大約只有 52％，僅比用猜的 50％略好一些。透過這些整理過的資料，雖然只簡單分析持有一個月的績效，也可以整理出所謂的「黑名單」與「白名單」。

什麼是「黑名單」？簡單來說，就是明明才剛受到媒體推薦，不到 1 個月卻出現大幅度下跌，跌幅遠遠超出你的預期，表現就像俗稱的「地雷股」（你肯定很生氣，氣自己是不是被節目誤導）。從我列出的地雷股清單中，情況最糟的就是太平洋瓦電公司（美股，證券代號：PCG），在被《錢來瘋》提及後的 1 個月內，就下跌約 40％。

太平洋瓦電公司在美國加州，它的股價跌幅與連續幾年發生的事故，其實有相當大的關係。過去幾年加州發生數次森林大火，對環境和住宅造成莫大的衝擊，而幾次起火的原因幾乎都與電線走火有關。

最離譜的一次是一隻老鷹叼走一條蛇，牠們在飛過高壓

圖表 6-7 **2019《錢來瘋》媒體概念股白名單**

證券代號	收盤價	漲跌幅	本益比	市值 $	公司	產業類別
DELL	52.3	0.91	10.53	38,567,903,232	戴爾科技	高科技業
FLT	287.78	0.06	26.97	24,973,893,632	FLEETCOR TECHNOLOGIES INC	高科技業
TTD	271.45	11.67	133.52	12,251,732,992	貿易服務台公司	高科技業
UAA	21.8	0.2	87.9	9,285,033,984	安德阿莫 A 股	非日用消費品類
ARWR	63.12	-0.31	91.48	6,331,440,640	箭頭製藥公司	醫療保健類
TREX	90.34	0.46	39.47	5,213,611,520	Trex Co Inc.	基礎材料
APU	31.22	-0.73	21.34	2,903,450,368	Amerigas Partners Lp	公共事業類
LPSN	37.36	0.36		2,473,168,640	Liveperson 公司	高科技業
KTB	41.67	-0.32	19.84	2,372,881,408	辦公品牌公司	非日常消費品類
TWST	20.85	-0.15		690,512,384	Twist Bioscience Corp.	醫療保健類

圖表 6-8 **2019《錢來瘋》媒體概念股黑名單**

證券代號	收盤價	漲跌幅	本益比	市值 $	公司	產業類別
PAYC	271.82	7.06	95.24	15,874,016,256	Paycom Software Inc.	高科技業
CRWD	49.44	-0.43		10,162,144,256	Crowdstrike Holdings Inc.	高科技業
AMRN	21.53	0.09		7,727,268,352	阿瑪琳	醫療保健類
DBX	18.09	0.18		7,513,193,472	Dropbox 公司	高科技業
SNX	130.45	1.65	14.89	6,662,759,936	新聚思	傳統工業類
ACAD	41.11	-1.67		6,331,967,488	阿卡迪亞	醫療保健類
JWN	40.1	-0.83	11.53	6,225,644,544	諾德斯特龍	非日用消費品類
PCG	10.84	-0.03		5,736,853,504	太平洋煤氣電力	公共事業類
BLUE	86.37	-1.38		4,778,938,368	藍鳥生物公司	醫療保健類
NKTR	20.96	-0.62		3,687,324,928	NEKTAR THERAPEUTICS	醫療保健類
CRSP	59.32	-1.58		3,333,434,112	Crispr Therapeutics Ag	醫療保健類
CLDR	11.59	-0.04		3,328,080,128	Cloudera 公司	高科技業
IRDM	24.84	0.2		3,256,375,040	銥星通訊	電信類
BOX	17.23	0.45		2,578,073,344	Box 公司	高科技業

證券 代號	收盤價	漲跌幅	本益比	市值 $	公司	產業類別
CLB	38.41	0.74	17.09	1,704,439,936	核心實驗室 Nv	能源業
INGN	67.59	-0.74	46.9	1,486,878,592	Inogen Inc.	醫療保健類
DIN	85.31	1.79	14.88	1,432,516,992	您的品牌全球公司	非日常消費品類
CDNA	21.15	-0.42		897,521,408	Caredx 公司	醫療保健類
IIPR	73.62	-2.25	50.95	872,676,800	創新工業地產公司	地產業

電線網時，蛇尾碰觸到兩條平行高壓電線的一端，老鷹的翅膀碰到另一端，讓高壓電線瞬間引燃，而被大火燃燒的鷹和蛇掉到森林裡，因此引發嚴重的大火。火勢遍及的地區整整有 1/4 個台灣那麼大，帶來的損失更是難以估計。

面對這樣的慘劇，政府自然開始追究相關業者的責任，其中最主要的對象就是太平洋瓦電。畢竟，如果只是一次偶然就算了，但這樣的火災在幾年內一再發生，就連保險公司都開始懷疑，太平洋瓦電在輸電系統上的風險控管能力有問題。

當時，這幾起事件讓太平洋瓦電的股價跌得很厲害，甚至破底來到低檔水位。《錢來瘋》認為這檔股票已經到適合

進場的低點，而予以推薦，結果它的股價不但沒有往上漲，反倒跌得更慘。

太平洋瓦電的案例發生在 2019 年 1 月，當時美股還是超級大多頭，所有的指數都往上飆，標普 500 漲幅將近20％，但太平洋瓦電在同一時段卻整整下跌 46％，可說是相當慘烈。

所以，拿媒體概念股的清單參考不是不行，但是當某些股票變化太過極端時，就要特別列出黑名單作為地雷股的參考，即使未來媒體再推薦同一檔股票，也可以多一個負面指標可以驗証。

這就好比銀行進行信貸時，必須先考量借款者的信用。如果借款者的信用好，還錢機會自然高，銀行比較願意借錢給他；但若是他的信用紀錄欠佳，銀行當然會慎重考慮或者降低借款的金額。

當然，信用好的人不見得一定會還錢，而信用不好的人不見得就不會還，但是信用紀錄之所以重要，是因為我們可以用過去的行為表現，預測未來的行為。

當借款者經常有逾付帳單、信用卡老是拖欠，自然會對銀行出借的決定產生負面影響。我整理出的黑名單也是一樣的道理，它是投資領域上的負面指標名單，在每一季都必須有所更新。

　　要特別注意，即使是再大的基金公司，如果沒有做適當的投資組合分配，預測都可能失準，也會有賠錢的時候。如果看漲的股票在 1 個月內下跌 5 至 10%，起碼還在可接受的範圍，有時即使公司的基本面再好，難免還會有各種不可知的因素，比如總體經濟面影響，甚至公司發佈重大消息等等的天災人禍。

　　若是這樣的股票在 1 個月內下跌 1/3 以上，你可能沒有力氣再進場，甚至被斷頭了，因為你的資金已經全部壓在上面，這時候你的心情自然會特別煩躁。

　　面對這樣的地雷股，我們在投資時必須特別小心。它可能財報本身有問題，或者特別容易受到市場風吹草動的影響，甚至因為市值過小而容易被惡意炒作。但不論是什麼樣的原因，它們都是必須被警覺的標的物。

　　這就像上面所提到的信用評級一樣，當一個人的信用評級低、我們不需要考慮低的原因是什麼，反而會直接以評級來評估借錢的風險是不是太高。雖然站在借款當事人的角度來看，也許他不是真正信用不良，可能在必須繳卡費或電費時，都剛好出國或有其他原因而不知情，但站在貸款者的角度，就不一定有機會知道他的苦衷。

　　這也是為什麼信用評級對銀行很重要，因為可以從客觀的角度，以信用評級來做貸款發放評估。上述的道理也能完

全說明，我提供的黑名單為什麼會以虧損最多的公司來依序排列。

在這份名單中，只要賠超過 3 成以上的公司都需要特別避免。克萊默（Jim Cramer）和來賓在節目裡討論的股票，1 年有大約 1,200 多檔，因為除了最流行的標普 500 成分股以外，偶爾還提及一些我們不見得會投資，但是有題材的小股票，甚至是新上市的股票也多少會受到討論，而我們最怕的就是這種被媒體提到後 1 個月內就跌 3 成的公司。

雖然不是不行等到這種股票翻身，但這個過程特別辛苦，不過以目前黑名單的數量來看，並沒有那麼多，差不多 20 支左右而已。

當然，在黑名單裡，有各式各樣的公司，並不會僅限於某個產業範圍。前面所提及的太平洋瓦電公司，就是因為加州大火事件的影響而剛好上榜，屬於特殊案例。一般我們觀察到的黑名單對象，通常都是比較小型的生化股，因為藥廠經常會推出新藥，而這個藥能否通過且被廣泛運用，往往都是股票大漲或大跌的關鍵。

有黑名單，自然也就有白名單。所謂的白名單，就是被錢來瘋提及後擁有不少漲幅的個股。這是一件好事，也是媒體值得鼓勵的行為。當然，有時候某檔個股可能會有漲過頭的現象，這代表該公司目前符合普遍投資人的需求，且具有

持續成長的趨勢。

不過依我的觀念來看，其實黑名單相對於白名單更重要，因為對投資人而言，目標確實是想要賺很多錢，但最怕的是快速賠錢甚至賠光，畢竟賠小錢也許還有機會賺回來，但賠掉 1/3 的資產就不得了！

所以，當我們看到黑名單出現時，即便手上有相關的小道消息，讓你想要持有它們，也必須非常小心地分配投資組合。這也是為什麼我會一再提及，就算是你認為最優質的股票，也不要一開始就讓它佔你的總資產 5％以上，更不用說拿出 20％來投資。

我認為這樣的媒體概念股名單，其實是很重要的想法。因為你會一天到晚都聽到大家在討論這些個股，當你對這些股票沒有概念時，很容易受到媒體的左右，也容易受到各式各樣市場因素的影響，沒辦法做正常的邏輯分析，也就是選股三部曲的事實、邏輯、想像力。

在面對媒體名單時，我們經常把事實與邏輯撇在一旁，只留下想像力，如果想像力是好的自然很棒，但若想像力是恐懼感可就不得了，畢竟有時候恐懼感比美好的想像力還更可怕。

主題概念：瞄準 FAANG 相關股，以及各產業 Top 5

　　介紹完黑名單與白名單以後，針對錢來瘋所衍生出的媒體概念股，還有一份「衝突名單」（Conflict）。所謂衝突名單，指的是錢來瘋對這些股票的看法有所矛盾，也就是節目看好的 1 支股票，在同 1 個月內有時確實真的漲了，有時卻跌得很厲害。

　　這種類型的股票大約有 10 支左右，其特色就在於股價的波動相當劇烈，難以掌握趨勢走向。

　　比如我在第三章提到的案例「超微半導體」就是衝突名單中一個典型例子。

　　超微半導體在 2019 年的前半年普遍被看好，股價也一路上升，但從下半年開始就進入波段整理的期間，媒體對它股價的預測也是有時準、有時不準。這時候問題來了，既然超微的股價難以預測，為什麼媒體依然這麼喜歡談論它？原因在於它是具有爭議性的股票，對媒體而言，娛樂效果非常充足，畢竟它受到市場上多數人的關注。

　　面對這樣的股票，不是說不應該買賣，而是有爭議的股票必定流動性很強，所以當你觀察它，其實就要特別注意它的基本面在哪裡？如果只是想要短線進出，以 K 線圖做參

考，就很有可能會押錯邊，畢竟短線波動率太高所帶來的風險很難估計。但若是想長期持有，其實不用特別在意，只要覺得好並持有即可。

之所以會列出衝突清單，事實上不是這些股票真的具有多少衝突，而是它們的波動率極高，需要特別小心。想對這種股票進行短線波段操作，手上一定要有投資模型，但是散戶必須避免從事這樣的投資，因為它們屬於波動率高、較危險的選擇。

總結本節提到的「黑名單」、「白名單」、「衝突名單」，當你觀察媒體推薦的股票時，我希望你參考以下兩個核心想法：首先，不要去碰地雷股，即所謂的「黑名單」。其次，如果有興趣的股票是在衝突名單裡，也就是波動率很大，必須多做一些功課再進場，而非貿然買進。

台灣屬於全球代工產業鏈的一環，基本上所謂的概念股，大都是以美國龍頭股所形成的下游產業鏈來分類，如此一來，美國主要的科技公司，比如 FAANG（Facebook、Apple、Amazon、Netflix、Google），也就是臉書、蘋果、亞馬遜、奈飛、谷歌。

以 FAANG 作為主題，找出跟其相關的個股，未嘗不是很好的參考名單。不過，我認為以各個產業的前 5 檔股票當作產業主題，也不失為另類的主題概念股。

6-2

新創企業常像雲霄飛車，
怎樣買賣快狠準？

　　再來，面對一些剛上市的公司，這些首次公開募股的公司股票能上市，而且得到青睞，肯定有其道理。我們可以看到，這些公司是否大起大落，或是持續成長，帶給大家 IPO 股票未來的想像空間。或許，投資者覺得只要選對 IPO 股票，就有可能出現倍數式報酬率。

　　對投資者來說，為了分散風險，新上市個股投資不超過總投資額 5％尤其重要。特別是這些企業經營未來市場的獲利，還有待考驗。

攻略 IPO 股票，
必須注意本夢比與 2 種可能性

以 2019 年的新創股為例，其實每個月都會有新創上市

公司產生，而交易所也會事先公佈，這個月將有哪些已上市或即將上市的公司，同時這些公司過去一年內的財報也會經由證管會發佈。

通常會投資新創公司的人，往往都喜歡搶 IPO 上市的多頭熱潮。但其實一般的 IPO 在之前就有很多大型投資機構預先認股，如果預先認股不踴躍，對很多人而言是無利可圖的。

過去新創企業要 IPO 上市，在正常狀況下，都會以一些大型金融機構為管道來發行，像是摩根大通、高盛集團、花旗銀行等等。但在最近這 2 年，開始有一種新型 IPO 出現，像 Spotify（美股，證券代號：SPOT）就是其一。這並非事先透過投資銀行來做承包，由機構投資法人進行預先認購、協助發行定價，而是在上市當天直接對市場發行，同時直接面對機構法人與散戶。

雖然這樣的做法對散戶可能比較公平，但其危險性就在於事先沒有機構法人與大戶的認購，所以市場定價的高低起伏風險，相對來講就會劇烈許多。

由（圖表 6-9）依照市值排序的 IPO 名單中，可以看到大型 IPO 仍然深受市場矚目。無庸置疑，近幾年相當熱門，主打載客車輛租賃與實時共乘的優步也是其中之一。

它一開始上市時的市值就有 600 億美元左右，規模算是

圖表 6-9 2019 年美股前 30 檔 IPO 名單

證券代號	收盤價	市值／百萬	上市日期	上市價	自上市漲跌	52週高低價
UBER	30.99	52,863	20190510	45	-14.01	25.58 - 47.08
ZM	68.72	18,994	20190418	36	32.72	59.94 - 107.34
GMAB	22.3	14,398	20190718	17.75	4.55	14.48 - 24.50
LYFT	43.58	12,974	20190329	72	-28.42	37.07 - 88.60
WORK	23.02	12,670	20190620	38.5	-15.48	19.53 - 42.00
CHWY	29.62	11,807	20190614	22	7.62	21.68 - 41.34
AVTR	18.45	10,549	20190517	14	4.45	1.40 - 19.59
PINS	18.8	10,495	20190418	19	-0.2	17.39 - 36.83
TW	46.73	10,368	20190404	27	19.73	33.68 - 50.48
CRWD	49.44	10,162	20190612	34	15.44	44.58 - 101.88
LK	38.08	9,152	20190517	17	21.08	13.71 - 40.30
LEVI	19.12	7,509	20190321	17	2.12	16.00 - 24.50
DT	26.03	7,302	20190801	16	10.03	17.05 - 27.48
GSX	23.74	5,596	20190606	10.5	13.24	8.53 - 24.10
BYND	75.64	4,654	20190502	25	50.64	45.00 - 239.71
IFS	42.42	4,650	20190719	46	-3.58	37.71 - 47.46
PSN	42.98	4,266	20190508	27	15.98	29.03 - 43.23
BBIO	33.22	4,105	20190627	17	16.22	17.61 - 48.36
MDLA	31.01	3,980	20190719	21	10.01	23.76 - 44.72
ADPT	29.37	3,652	20190627	20	9.37	24.05 - 55.12
DOYU	8.85	2,873	20190717	11.5	-2.65	7.01 - 11.88
GO	31.99	2,844	20190620	22	9.99	27.75 - 47.58
RTLR	17.04	2,582	20190523	17.5	-0.46	14.01 - 20.24

證券代號	收盤價	市值／百萬	上市日期	上市價	自上市漲跌	52週高低價
NFE	14.79	2,484	20190131	14	0.79	8.90 - 19.50
AFYA	27.58	2,475	20190719	19	8.58	21.30 - 34.87
LVGO	25.22	2,383	20190725	28	-2.78	15.12 - 45.68
TPTX	63	2,212	20190417	18	45	24.21 - 64.47
AMK	29.91	2,165	20190718	22	7.91	22.87 - 30.28
HKIB	8.75	2,046	20190805	8.38	0.37	6.97 - 11.19
FSLY	21.5	2,014	20190517	16	5.5	14.12 - 35.25

相當龐大，至於另一家同樣提供分享型經濟服務的新創公司來福車，也選擇在 2019 年上市 IPO，時間甚至比優步再早了 1 個多月。

不過，在來福車 IPO 以後，其股價沒有市場原來預期得理想，甚至還從起初 IPO 的每股 72 美元，一路腰斬到 40 美元左右。這件事衝擊到優步的 IPO 定價，即使優步在共乘服務市場中擁有的市佔率更大，也一樣受到負面影響。

我認為 IPO 雖然給大家一種「短期就能賺到 30％以上，甚至價差呈倍數成長」的幻想，但其實它既缺乏較長的財報歷史數據，也沒有任何在次級市場上的價格表現，除了看近期的財報或新聞以外，很難真正瞭解到投資人對它的青睞及關注度，到底有多少。

由於是初級市場，像優步、來福車這類重視消費者體驗的公司，大眾關注的焦點大多數會在使用者經驗的報導。2019 年其他幾個重要的 IPO，例如：熱門的社群媒體公司 Pinterest、專注於雲端會議服務的 Zoom 等等，也都有相當程度的使用者經驗報導。

接下來，我們列舉一些事實，作為投資 IPO 的參考。在 2019 年的 IPO 名單中可以看到，前 10 大 IPO 公司都是大家熟悉的獨角獸企業，而有些公司在一開始甚至漲得很厲害，例如：CrowdStrike（雲端服務公司，交易代號：CRWD）Beyond Meat（超越肉類公司，交易代號：BYND），在 2 個月內有大約 3 倍的驚人漲幅。

一般來說，如果在 IPO 第 1 天上市時想搶進，其實不是不能買，而是它不應該超過你投資組合的 5%，不然你將沒有後手可以繼續加碼。此外，由於它的財報資訊相當有限，即使它的股票因為投資人的青睞程度，能在 3 個月內漲上去，也可能受到 IPO 閉鎖期結束後釋股的影響，而失去支撐。這是在一開始讀認股說明書時，就應該小心注意的地方。

我們可以看到，尤其這幾年來，大部分 IPO 公司都是與網路有關。它雖然有毛利，但淨利基本上都是負的，是所謂網路經濟的股票，以搶佔市佔率為主要賣點，來換取未來

獲利的可能。所以，它需要更多的想像空間，卻沒有足夠的事實作為依據，因此技術面分析顯得特別重要，可以提供一定的參考，但歷史資料過短，可能產生很大的誤導。

從名單中可以看出，有些公司的股票從初始發行到現在已經漲 50％ 以上，但有些則是負的。以 CrowdStrike 為例，它一開始上市時的參考價格是 34 美元，但是在上市當天就已經跳升到 66 美元，之後更從 66 美元一路上漲，不到 1 個月就突破百元大關，讓眾人覺得簡直是不得了。

如果仔細看 CrowdStrike 現在的價格，只有大約 47 美元，比 50 天平均價 64 美元還要低了 17 元。像這樣子的公司並不是不好，事實上我非常看好 CrowdStrike，也持續持有這檔股票。

但是，我們持有時要非常小心。如同前面章節所提到的，即使巴菲特自己的資產配置裡，也是有些股票在短期內會受市場影響、表現不如想像得好。如果你一開始就持有比例過高，心情自然會特別緊張，容易影響投資判斷。

像 CrowdStrike 才總共上市不到 5 個月，目前價格卻比 50 天平均價還低了將近 20％。如果你已經持有且數量不多，還是可以持續買入。

另外，在做 IPO 投資時，我們還列出一份衝突名單。由名單中的 IPO 案例，大家可以看到，這些標的物從初始

價到現在基本上是漲的，但目前的價格比 50 天平均價還低，表示它們是先急漲又急跌，只是沒有跌到原來的初始價而已。像這種不到 6 個月內就這麼大搖擺的股票，難道不是衝突性很大嗎？（見圖表 6-10）

圖表 6-10 ▶ 2019 年美股 IPO 衝突名單

證券代號	收盤價	市值 / 百萬	上市日期	上市價	自上市漲跌	52週高低價
ZM	67.75	18,726	20190418	36	31.75	59.94 / 107.34
CRWD	51.14	10,512	20190612	34	17.14	44.58 / 101.88
BYND	75.95	4,673	20190502	25	50.95	45.00 / 239.71
GO	32.07	2,851	20190620	22	10.07	27.75 / 47.58
TPTX	61.58	2,207	20190417	18	43.58	24.21 / 64.47

舉凡列在衝突名單裡的公司，都是我認為它仍有上漲空間，只是近期表現不好，但也因為這樣，反而給我們一個機會。以 K 線圖來看，它們好像是往下跌，可是整體表現還是不錯，仍然高於初始價格。

之所以會發生這樣的走勢，一般有 2 種可能性：首先是被獲利了結；其次是股票閉鎖期結束，造成股價被稀釋，例如：Beyond Meat、Turning Point、CrowdStrike、Zoom 都是

這類案例。

這些公司其實都相當好，只是一開始受到投資人過度追捧，而造成股票漲過頭，現在回復到理性投資的時機。所以，做 IPO 投資，和一般純粹次級市場、比較有長期資料的投資不太一樣。

每一季都持續有新的 IPO 名單，所以相同的原則可以反覆運用，比如前面提到下跌 40％左右的來福車，在我看來，現在的股價和財報相比，顯得相當匹配，成為目前值得投資的優質標的物。

其實，來福車在一開始上市的 3 個月內，高股價與財報相比有著太過懸殊的落差，投資人在這半年內也對它的股價明顯地大打折扣。但以未來長期投資的角度，來看現有價格，來福車就是不錯的選擇。

 ## 我挑選新創個股有 2 大原則： 想像力與投資組合

最近幾年 IPO 的特色，基本上都是與大眾消費有關。例如：優步、來福車、PINS 雖然與科技相關，但也與大眾消費脫離不了關係；Crowd Strike 雖然比較不一樣，但也與網路資安有關；而漲得多的 Beyond Meat 不但與大眾消費有

關，其製造的人造肉又關係到未來食品加工業，其實是一個具有未來食品願景想法的公司，可說是相當有前途。

有些消費品領域的公司，產品在市場上非常熱門，像是做腳踏車運動商品的 Peloton Interactive（證券代號：PTON），雖然上市價格至今已經下跌 23％，但目前的價位才比較合理。

它的股價之所以下跌，主要是因為它的單車背景音樂被告侵權，原本過去不需要版權，但上市後自然會被重點關注，而影響獲利。

像這樣的公司也有長期性。另外，剛提到的 Beyond Meat 也是有願景、有未來的公司，但目前的價位仍然偏高，值得再等一等。

還有一些 SPO（第 2 次上市）的公司，像是 Levi Strauss（LEVI），就是一間曾經下市、又再重新上市的公司，如果沒有太大的改變，想像空間可能就相當有限。

Zoom 也是挺有想像空間的公司，之前因為漲得太高、所以很難入場，不過目前的回檔反而是一個不錯的觀察點與進場時機。

總結一下，對於新創企業上市的投資，我有 2 大原則：第一就是想像力，IPO 公司屬於投資亮點、會得到投資人青睞自然有原因。

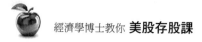

　　其次是投資組合，如果在開始上漲後選擇跟進，就必須要注意投資組合避免總投資額超過5%，甚至可以仔細觀察，在上漲時段慢慢進場，尤其是在上漲之後，股價若因為投資人獲利了結，或是員工在閉鎖期後出售持有股票而進入盤整期，反而是另一個不錯的進場點。

NOTE

附錄 1

疫情衝擊全球經濟，
我如何投資美股獲利？

　　自從 2019 年年初武漢宣布封城以來，新型冠狀病毒肺炎的疫情發展，完全取代中美貿易戰，成為全球公衛與經濟動向的唯一指標。

　　各國政府及央行為了刺激經濟而展開救市，其力道更是前所未有。在這百年未聞的動盪期間，我選擇冷靜觀察、適時出手，果然在市場重跌下，仍能有超過 20％的獲利。目前疫情尚未結束，本書接下來將以時間敘事的方式，講述過去兩個月以來我進出美國股市的邏輯。

　　此外，在肺炎疫情影響下，美國聯邦儲備委員會（The Board of Governors of The Federal Reserve System，簡稱美聯儲）以救市紓困的名義，注入市場的寬鬆資金已將近 5 兆美元（2 兆美元為對全民發放現金及企業貸款，以及 2.6 兆美元為買入各類債券）；而且全球也開始針對疫情始作俑者中國追究責任，這對未來全球供應鏈的連結、各產業復工日程

及日常生活型態，皆會有深遠的影響。

　　因此，本文將探討，如何預見後疫情時代的投資環境及標的物，更希望藉著全球供應鏈大洗牌，思考台美雙方合作的新機會。

 ## 我在疫情下的投資紀事

▶▶▶**日期：2020/03/12**

　　＊世界衛生組織（WHO）宣佈，將新型冠狀病毒肺炎（COVID-19）疫情定調為全球大流行，導致股市 1 天內下跌 10％，更引發後續一連串的恐懼。

　　COVID-19 在中國以外的國家蔓延，過去 40 天內，確診案例的日增長率平均值約為 15.2％，也就是每 16 天增加近 10 倍、甚至更快。

　　如果繼續保持這種速度，全球疫情傳播將在接下來 2.5 個月內達到飽和（67 天感染 70％的人口）。 這意味當大多數人都感染病毒時，結局是死是活在 2.5 個月後就會見真章。

　　有限的醫療資源在 45 天內就會被撐爆，到那時候，已經沒有必要做任何隔離檢疫，反正大家都染疫，只要沒事（死），一般日常生產、消費終將要重新投入。

若只算統計數字，用義大利目前高達 8％的死亡率來看，2 個月以後，即便世界人口 70％已經受影響，大眾的生活還是得照常，事件會慢慢平息。

依照上述邏輯來思考，如果前 3 季度的生產值可能是零，第 4 季度應該會出現反彈。因此，這不是世界末日，僅是可能的最壞情況。但目前市場的恐懼，卻遠遠超過我天真的模型預期。

正如俗諺說的：「**恐懼永遠是我們最大的敵人，但是我們仍然需要它。**」

我想說的不只是經濟，還包括社會層面和日常生活。假設在接下來的 30 至 45 個工作日，所有的企業讓員工在家裡遠距上班，是否能讓整個社會的不確定性降到最低？

就我看來，最困難的部分在旅遊業、服務業、開設餐廳的小企業。這些產業禁不起 2 個月現金短缺，可能會破產。我不知道如何輕鬆解決這個社會問題，政府能否在未來 2 個月內，提供經濟支援給小企業和低收入者？又要在什麼樣的標準下給？

由於對疫情的未知，我們決定先出清一半以上的持股，並持續觀察，希望在 1 個月後陸續買回。這個行動使原先持股減少 75％的可能損失。

▶▶▶ **日期：2020/03/26**

　　* 經濟崩盤，債市、股市、匯市、商品（油市和金市）應聲下跌。

　　* 美聯儲救市。

　　*2008 年與 2020 年做比較。

　　先說 2 個前提：美聯儲只關注系統性風險（全球流動性緊縮），而財政部（行政部門）則關注個別企業的疏困計劃。

　　美聯儲只能直接採取行動拯救銀行，而航空公司就像通用汽車一樣，只能由財政部介入。2 個單位的最大相同點，就是「救急不救窮」。以會計帳為例，公權力部門只關心資產負債表和現金流量表的問題，企業賺錢或賠錢並非他們關心的事，所以不會特別關注損益表。

　　因此，在股市崩盤方面，2008 年和 2020 年的走勢看起來雖然很相似，其根本原因卻大不相同，前者是過度財務槓桿產生外溢效應，後者是因公衛問題（疫情）而產生經濟急速緊縮。

　　2008 年的去槓桿計劃為期 3 年（請參閱美聯儲 2009-2011 年的資產負債表），而 2020 年的救援計劃預計為 3 至 6 個月。（見圖表 7-1）

　　這次短期護盤的力道相當大，主要是因為債市、股市、

圖表 7-1 美聯儲 2009-2011 年的資產負債表

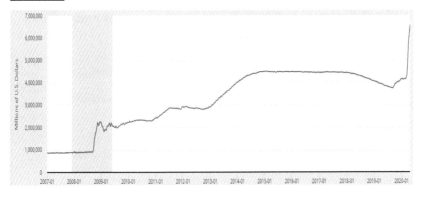

匯市、商品（油市和金市）的崩跌反應過於劇烈。

　　有別於過去只需關注單一市場的投資模式，現在的投資人必須關注每個市場，但是各個專家對其他市場並不特別熟悉，經濟學家講的又不痛不癢（因為市場關注的是流動性問題），反應在市場上的漲跌就成為大起大落。

　　我覺得選股還是很重要，但是在總體經濟面前（覆巢之下無完卵、水漲船高），群眾效應只會更加明顯。事實上，現在手中握滿現金的個股和大公司，更顯得有競爭力。像IVR（美股交易代號，該公司主要從事投資住宅及商業抵押），週一斷頭大部分回補不了，即使事後去救，也很難回到以前的部位。

　　我認為投資沒有導師，邏輯運用及抗壓能力才是關鍵，

待在檯面下分析與親自上場扣板機，本來就是兩回事。亙古不變的重點是：每次崩盤皆代表財富分配重新洗牌，從一批有錢人換成另一批有錢人，但沒錢的還是沒錢。

或許，偶爾會出現一些白手起家、投資致富而被歌頌的翻身者，雖然人數有限，仍然可以激勵一下人心，免得老百姓失去希望。

由於篤定央行救市，我開始鎖定觀察三類股票：DAL、UAL、AAL、BA 這 4 家公司，屬於大型股、航空股，都是政府必救的對象；以及現金流充裕能度過難關的企業例如：SBUX、MSFT、GOOG；還有因為疫情而被低估超賣的股票例如：AMD、CRWD、BYND、ZM。

▶▶▶日期：2020/03/27

*「讓事實和邏輯說話」。

我喜歡古書，但不愛祕笈表，理由很簡單：它等於在宣告社會不需要進步。我讚嘆老祖宗的智慧，卻不樂於只會吹噓過去的恢宏長者，那表示一代不如一代。

美國財政部救市，通常不會漏掉航空業，波音航空和美國航空肯定是下週必救。ZM 即時視頻的市場表現也如同預期般突出，而星巴克則開始回檔，應該強力買進，CRWD也是如此。

　　美國這一波至少會多印 2 兆美金，雖然現在處於現金為王的市場，但是到明年底回頭看，就會發現所有的資產價格早已被墊高。

　　「**市場並沒有所謂的最低點，只有適合進場投資的價位。**」（**Everyone has his discretion to choose the way to preserve the wealth but we can never time the market.**）

　　這 2 週的下跌雖然是因病毒恐懼而起，但是從油價暴跌開始，國際的油市、金市、債市、股市全面應聲同跌，全球附買回協議市場瞬間崩潰，迫使聯準會必須緊急降低利率、注入資金，拯救全球資本市場的流動性危機。

　　本次的救市並非為了經濟，而是害怕市場的流動性會被一下子抽乾。但這 2 週匯市最諷刺的是，即使全球都知道美國要大撒錢（至少 2 兆美元到 3 兆美元），美元兌全球貨幣仍然升值超過 10％，美元指數更是在 10 天內由 93 上升到 103，好像全世界都在幫忙負擔美國撒錢的後果。

　　未來 6 個月，台灣的軍事情況令人擔心。如果中國經濟開始撐不住，恐怕會拿台灣做藉口挑起事端，而美國也需要一個理由來修理中國。

　　美中雙方都可能將台灣作為第 3 地戰場，以民族主義提升民氣，進而增加國防支出，用最低成本，達到刺激國內經

濟的最大效益。

最近，川普連續 2 次提出，中國病毒絕非偶然，畢竟病毒等同生化武器，嚴重性非同小可，肯定會有後續的求償及報復行動。對岸當然知道病毒過後，全球生產鏈不會再重現過去的榮景，只是尚不確定台灣和美國的默契能到達什麼程度。

波音作為 B52 轟炸機製造商，美國政府肯定需要給一個大訂單，讓波音後續利多無限，因此我在 90 美元時買入，結果不到 2 週內漲到 180 美元，漲幅遠超乎原來想像，獲利了結一半，未來仍有更多成長空間。

以 10 美元時買入美國航空，在隔週救市後漲到 17 美元獲利出場。星巴克價值被嚴重低估，在 50 美元時買入，目前已漲到 78 美元，小部分獲利了結。

▶▶▶日期：2020/04/16

＊談吉利德（證券代號：GILD）的盤後飆漲。

近日，芝加哥醫學中心發佈 1 項針對 125 人進行 Covid-19 臨床試驗的研究，其中 113 人為重症患者。所有的患者接受 remdesivir 每天輸液治療。

初步結果評估，吉利德藥廠對病重 COVID-19 案例使用 remdesivir，具有迅速恢復效果，幾乎所有患者都能在 1 星

期內出院，最終僅有 2 人死亡。這個消息一傳出，吉利德盤後的股價便直接上漲 16％。

但我以為吉利德的上漲，是消息面導致的技術反應，不值得跟進。即使瑞德西韋（remdesivir）得到美國食品藥品監督管理局（U.S. Food and DrugAdministration，縮寫為 FDA）認證可以在醫院使用，目前美國的重症患者還不足 10 萬，每人用藥天數不超過 2 週，對於營收基本面的效果其實非常有限。

再者，這支解藥既不像糖尿病等藥物，患病人口眾多且需求時間較長，也不像疫苗，全國 70％以上的人口都需施打，需求甚至會在疫情過後快速減少。

此外，如果藥真的那麼有效，表示疫情有機會加速好轉，民眾信心增強、復工進度更快，因此不如直接投資服務業類股，報酬率會更可觀。

▶▶▶日期：2020/04/23

* 現在該長期投資航空股嗎？

昨日達美航空公佈 2020 年第 1 季財報，在其中認賠 5 億美元。由於狀況符合市場預期，股價沒有多大變化。相較之下，最重要的是讓公司對於未來的產業預測：「鑑於疫情大流行對全球經濟的綜合影響，我們認為市場可能要等『3

年』才能完全復甦」

假設 3 年的預期，可以讓達美航空股價回到最高點 63.44 美元，以目前股價 22 美元來看，3 年後達到 63 美元，總報酬率近乎 300%，是很不錯的投資。（見圖表 7-2）

目前，達美來自政府紓困的補助金額為 54 億美元。如果仍然需要額外增資，這造成的資本稀釋可能會對未來投資獲利產生影響。

不過，依達美估計，未來 6 個月將有每月 5,000 萬美元的虧損，對比上 1 季每月 1 億的虧損，額度明顯縮小許多。

以紓困補助金額加上 300% 的獲利增長潛力來看，有足夠空間化解資本稀釋可能帶來的影響。

若依照這個邏輯來推斷其他的大型航空股，那麼 3 年後，聯合航空可以由 25 美元漲到 96 美元，美國航空可以由 10 美元漲到 34 美元，總報酬率將達到近 350%。如此看來，3 大航空公司都是目前值得長期投資的標的。

雖然 3 大航空公司在過去的營收不相上下，都在 450 億美元左右。但是達美航空的獲利能力（47 億美元）明顯高於其他兩家（聯合航空：30 億美元、美國航空：17 億美元），顯示其管理能力比較強。

以分散風險的角度來看，應該 3 家都投資；以管理能力來看，投資比重應該要多一些在達美。畢竟現在是非常時

圖表 7-2　達美航空（DAL）公佈 2020 年第 1 季財報

DAL

22.47

-0.63 (-2.73%)　　22.76 +0.30 (+1.34%)
At close:　　　**Pre mkt:**
4:02:00 PM EDT　8:55:51 AM EDT
Wed, Apr 22, 2020　Thu, Apr 23, 2020

NYSE - Delayed Quote (USD). Market closed.

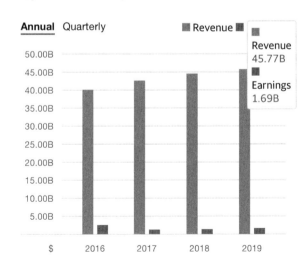

期,管理階層更形重要。

以 10 美元買入美國航空、22 美元買入達美航空,目前股價各為 13 美元、27 美元,仍繼續持有中,作為長期投資。

▶▶▶日期:2020/04/27

* 為何股市近期大力回漲?

儘管疫情引起的經濟危機,已造成超過 2,600 萬人失業,S&P500 指數較 1 個月前的低點已上漲 29%,僅比最高紀錄低了 16%。(見圖表 7-3)

目前市場眾說紛紜,可能的上漲原因歸納如下:

● **高科技、醫療保健和消費必需品領域的大型股,仍在穩定成長中。**

其中 5 支最大的股票,已佔標準普爾指數的 20% 以上,推動了創紀錄的最高集中度。比方說,亞馬遜的 1.2 兆市值就佔 S&P500 非日常消費行業總值 40%,單一股票上漲就讓市場產生整個行業出現開始好轉的錯覺。

● **組成 S&P500 指數的大型企業,不但有足夠的現金流,而且具有更多、更可靠的融資渠道,比中小企業更能度過難關。**

雖然預測盈利降低,但疫情時的「品牌忠誠度的正面效應」,讓大型企業收到的收益相對溫和。預測 S&P500 企業

附表 -3　**2020/04/ 後 S&P500 指數**

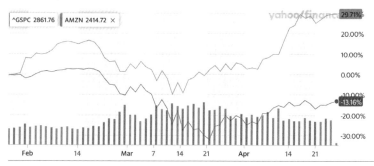

在 2020 年的收益只會減少 8.5％，收入僅下降 0.1％。

● **疫情造成的封市鎖國，並非 2008 年發生的結構性問題。**

相較之下，一旦疫情趨緩，市場將出現快速反彈，迫使原來押注空倉的投資者在股市反轉時，必須盡快買入平倉。

● **美聯儲採取近 5 兆的救市行動。**

目前已有 3 兆美元在市場流動，包括擴大資產購買、干預貨幣市場、讓放貸便利，以及大舉降低利率。諷刺的是，創紀錄的失業率和對市場助攻，迫使聯邦及地方都採取巨大的經濟刺激方案。

實體經濟的恢復也許會證明仍為時過早，這不意味目前市場已經從低點一路回升。如果聯準會採行寬鬆經濟政策而增進的資金，最後將有一大部分流入股市，長期投入股市仍

然比現金值錢。

 **供應鏈大洗牌，
在 7 大類產業找出投資標的**

美中貿易戰開打的初期，雙方經常隔空喊話、相互攻擊。這次隨著全球疫情加重，中國大外宣的力道也不斷加大，似乎隨時可以取代美國，成為全球的政經新龍頭。

大家或許忘了，從二戰後到目前為止，美國不但是軍事強國，而且是科技大國、能源大國、醫療大國、娛樂大國、農業大國及金融大國。在這些領域裡，美國不僅可以自給自足，輸出量更高居全球第 1 位。

僅佔美國人口 1% 的農業，以 300 萬個農民就成為全球糧食的最大出口國，對全球可能出現的糧食恐慌取到穩定效應。更不要提美國在科技產業的壓倒性領先，以及金融業以美元作為強勢主導的局面。

以目前疫情發展的情形來看，美國是全球感染案例最多的國家，事實上也是最透明和最多樣本檢驗的地方（500 萬檢驗、100 萬感染），未來的疫苗及治療方法仍然是需要靠美國領導。

反觀中國，目前推廣健康碼來監控疫情和民眾，中國用

戶透過螞蟻金服的支付寶進行註冊，隨後被分配一個顏色碼，為綠色、黃色或紅色，來代表用戶的健康狀況。透過顏色碼判定誰該被隔離，誰可以進入地鐵、商場或是其他公共場所。

根據《紐約時報》的分析發現，該系統不僅可以即時判斷某人是否具有傳染風險，還能與警方共享訊息，為新的自動化社會控制方式設定模板，在疫情消退後可能會長期存在。

「監控真是一門大生意，也是全民公敵。」每一個順民都覺得自己一定是綠碼，對紅碼者冷漠，直到自己變成紅碼，才瞭解公民權的重要，不過已經沒戲了。一旦隱私、公民權、基本人權，都在這次疫情裡被跨越，感覺就像是跳過一個心理障礙，而疫情過後如何界定和執行監控，才會是個有趣又嚴肅的議題。

根據來自西安的朋友描述，健康碼的界定不是很準確。外來人口一律先為黃燈，公安要你生就生、要你死就死，按個顏色鈕就將生殺大權獨攬手中。

重點是用戶完全不知道顏色碼是如何產生，自己無從改善，只能跟公安跪了，或者以後志願是當公安？如果你覺得美國監控很恐怖，那中國就不用想了！

後疫情時代的投資標的

「投資，販賣的是未來而不是當下。」在這次的疫情封城中，我們原本的日常休閒、娛樂活動、日常工作、旅行行程，都瞬間劃上暫停，而這些暫停時間的替代品，就是所謂的虛擬活動與日常家庭生活。

也就是說，平常必須的逛街、按摩、健身、吃大餐、看電影、住豪華酒店等各類消費，都可以刪減或被迫刪減。取而代之的是各類型的電子訊息、電子遊戲、線上娛樂、日常家用、生鮮食品。

以消費者個人預算的角度來看，什麼都可以減，但手機和網路不能斷。以投資者的角度來看，可以固定讓顧客每個月掏錢的企業，基本上就是好的投資標的物。

消費上，我們可以大手大腳，也可以節衣縮食，但每天仍然要吃飯和小小自娛。投資上，當你睡覺時還可以幫你掙錢的企業，肯定是值得買入。

關於未來的投資方向，如果說美國是科技、能源、醫療、娛樂、農業、軍事、金融大國，也是未來 3 年全球經濟復甦的唯一指標，那麼不投資美國，而投資歐洲、日本、澳洲、中國、印度、東南亞、非洲、中南美，長期獲利會更好？

　　目前，美國仍是最有機會進行具公信力的疫情治療及疫苗測試國家。沿著上述 7 大產業尋找適合標的物去投資，正是我們的目標範疇。

　　此外，提醒幾個未來市場走勢的前提：首先要做好面對經濟至少需要 3 年復甦的準備；其次是美聯儲注入近 5 兆美金，和各國央行內部的救市行動，都將嚴重影響未來幾年資本市場的股票估值。

　　目前為止，經濟復甦的最大擔當仍是科技當道，例如：大型科技股的谷歌、微軟、臉書、超微，以及科技 ETF 的 QQQ、XLK 等一個都不能少。零售業如亞馬遜、寶潔，大型連鎖快餐如星巴克，國防航空股如波音、達美，都是值得長期投資的股票。

　　3 個月後台灣的國際出路在哪裡？以目前來看，預期未來 3 至 6 個月內，將由美國帶頭聯合北約國家，讓台灣加入世衛組織，並雙重承認台灣與中國。

　　不僅如此，包括聯合國周遭的國際級非營利單位，也會重新檢驗，因為過去 10 年來，出錢的都是美國，而中國則傾向直接對高層輸送利益，雖然後者達到的控制效果極佳，卻讓這些單位失去公信力，世衛組織即是絕佳案例。

　　目前，中國經濟似乎出現許多危機，但以中共權力角度來看，「國內民生是否下降、經濟是否崩毀、各國是否要求

重大賠償」都不是重點，「一黨專制政權能否維穩、會不會被其他派系鬥垮」才是關鍵。這正是外人無法看出的黑盒子。

根據報導，中共近期在新疆進行地面核試爆，可能會開發小型核武器，效仿美國在 2003 年伊拉克戰爭時，能以一枚小型核武摧毀一整個戰車連，而未來很可能以東引離島等人群稀少區域為首要目標，透過武力恐嚇台灣。

站在台灣的角度而言，如果美國雙重承認中、台兩岸，等同回到 817 公報前。為了避免戰爭恐懼危機導致台灣經濟崩盤，台灣不能只在意政治上的大禮，而應該要求美國給予其他經濟層面的大利多。

在這個非常時刻，我認為台灣應該成為一個新的數位（貨幣）金融特區自由港，並以目前部分外匯存底為基礎，發行數位貨幣、成立經濟特區。關鍵在於，美國政府及聯準會是否願意支持？這樣的概念對台灣未來才有意義。

台灣的民主不僅能讓人民直接選舉而擁有女性總統，更能透過立法通過同性婚姻合法化等，堪稱民主社會的理想典範。這種民主政治思維的寬容及民本特色，竟然不需要透過封城，就可以在本次防疫中表現出色，成為所有西方發達國家參考的對象。

一旦疫情減緩，台灣原來的強國論和親中派，將會流失

更多選票，且不易回流。

由於疫情對全球經濟造成巨大動盪，如果美國及北約都對中共求償，並打算承認台灣，那麼如同前面所言，台灣不應該只是在軍事、政治上成為中美博弈的棋子，必須趁著這次全球重新定位的契機，找出經濟實惠，打開未來在亞太地區的新局面。

我認為台灣應在南台灣劃出科技金融特區，在此特區內允許外幣進出，並發行數位貨幣，可以自由兌換美金與台幣作為「現金和經常帳戶餘額總合（M1）」，在特區內使用。

發行數位貨幣的準備池將以美聯儲為後盾，台灣央行可以利用 100 億美元的外匯存底先行抵押，作為與美聯儲 FIMA（意即 foreign and international monetary authorities，也就是說，這個貨幣工具的對象，是外國央行／貨幣當局）的回購基金，來獲得發行數位貨幣的初始準備金，並進行對美金及一籃子主要貨幣的兌換，代替香港成為全球美元銀行間貨幣市場的新自由港。

一旦利用新發行的數位貨幣，允許外幣自由進出匯兌，搭建亞太數位金融自由港成為新香港，這項措施將比中國人民銀行的數位貨幣（DC ／ EP），或是臉書的數位貨幣（Libra），更具流動性及可控性，讓台灣成為全球貨幣電子交易的先行者。

附錄 **2**

下一波的投資展望：
該前進哪些標的？該避開哪些？

　　2020 上半年在疫情中很快過完。美股 2020 年前 2 季，由第 1 季的疫情恐慌無量下跌，到第 2 季美聯儲救市及各類股 V 型反彈，雖然經濟低迷、疫情前景仍一片渾沌，但是 3 大指數在第 2 季創造了 20 年來的單季新高。

　　到底我們該長期持有？還是短線操作？總體經濟影響是否大於個股基本面？

　　我在此分享下半年投資的 20 字箴言：**科技優先、家居聯動、小心醫藥、避開中概、注意國防。**

　　度過 2020 年前所未有的國際疫情衝擊，當前的美股盤勢已經讓大多數投資人陷入進退兩難的狀態。

　　站在空方的立場來看，目前總體經濟的基本面依舊低迷，復市行情又受到第 2 波疫情爆發的挑戰，股市有極高的機率隨時再次崩跌。但多方觀點則認為，美國國會及聯準會已經清楚表態，若經濟狀況持續惡化，政府會再次加強貨幣

寬鬆政策、擴大補助預算，墊高資本市場的資金水位，因此現在仍是進場時機。

本文將從 3 大面向出發，主要探討在後疫情時代，投資人應該長期投資還是短線操作？在疫情下，運用類股板塊輪動投資策略，是否是明智的選擇？目前該著重於總體經濟影響，還是個股的基本面分析？

這些問題看似沒有標準答案，全部混在一起又讓人難以捉摸，但事實上，市場早已提供不少客觀資訊，讓我們可以藉由事實分析找到投資方向。

我們應該長期持有，
還是短線操作？

理論上，美國央行目前已經投入 3 兆美元救市，不論接下來的經濟狀況有多糟，政府仍會持續擴大並抬升經濟成長力道，繼而墊高資本市場資金。因此，我認為在年底以前到明年中旬，股市至少還有 15 至 30％的上漲空間。

如果投資人站在理性角度思考，會發現目前確實是值得持續進場投資的時機，但在心理層面上卻難以接受，畢竟大多數人都認為若疫情再次引爆，股市在第 3 季度（7、8、9月分）仍可能出現超過 30％的重大跌幅。實際上，我認為

這完全不太可能發生。

繼前次美股由高點重挫 38％ 之後，我們不僅能看出央行快速注資、提高資本市場流動，進而救市的決心，也能大致掌握股市受全球受疫情影響的極限。有了聯準會為救市而挹注的 3 兆美元，加上 3 月崩跌後陸續進場的豐沛資金，股市能夠再往下跌 10 至 15％ 已經很了不起。除非 7、8 月發生超過上千萬人死亡的重大疫情，否則股市即使短線下修，幅度也相當有限。

此時，你或許會好奇為何不直接忍耐到 7、8 月，趁著低點進場，反而能賺得更多呢？理論上是這樣沒錯，但很難在執行上做到。

因為趨勢看漲，不能為時間點負責，意思就是無法確定在哪個時間點，會有調整或大漲的技術面分析，會隨產業及個股而有所變化，無法一概而論，而且心理素質對漲跌的忍受度不同，所以必須一路持續買入。

不過，分析「輕資產」及「重資產」個股的特性，的確會有助於投資者進行長短線投資組合。所謂輕資產是指，企業並未投入大量固定資本，可以隨時因應市場變化調整產能，因為獲利速度快，而具有較多的上漲空間可期待，最明顯的案例如 CrowdStrike、MongoDB、Fastly 等資安類股，股價自 2019 年上市以來都呈倍數成長。

這些個股不僅可以長期持有獲利、更適合拿來進行短線波段操作（注意，不是當日當沖而是週至月的短線）。

重資產則是指，企業必須投入大量固定資本開發產線，才能維持穩定獲利，例如：波音、台積電都是典型範例，通常花費上千億蓋一座廠房，需要運作數年才能回本獲利。重資產企業因為產能固定、獲利不具立即性，所以可期待的股價上漲空間一般較低，股價波動相對於輕資產為小。

以台積電為例，自疫情低點以來僅成長 16％，完全落後於大部分輕資產公司股價的飆漲表現，這也是源於重資產企業的短期獲利，難以體現於基本面上的特性。

這裡再舉一個有趣的轉型特殊案例：超微。該標的本來屬於重資產企業，自從 4 年前停止投資格芯（Global Foundries），將產能全數委託給台積電代工之後，如今成為僅專注於設計領域的輕資產型企業，這也是為何前段時間，超微的股價表現能如此亮眼的原因之一。

站在長期投資的角度而言，重資產公司屬於適合長期持有的絕佳類型；輕資產公司長期持有雖然也有利，但更適合進行部分的短線波段操作。值得注意的是，此處所提及的短線並非指當日沖銷買賣，在當前疫情仍不穩定的狀態下，任何消息都可能導致股價瞬間跳升或崩跌，讓當沖風險更加難以掌控。

在疫情下採取「類股板塊輪動」投資策略，是明智的選擇嗎？

　　在這波疫情中，每一類股受到的影響不盡相同，涵蓋各行各業的美國道瓊工業指數、標普 500 指數這兩大標竿，至今仍未漲破 2020 年 2 月的最高點。這是因為在總體經濟尚未完全復甦的狀態下，能源、地產、非日用品消費、娛樂、服務等產業，依舊承受莫大衝擊。

　　此時此刻選股固然重要，但更應該首先安排選擇類股。在過去 5 個月以來，有不少公司在疫情影響下接連停止營業，甚至宣告破產，例如不久前剛破產的保健品牌 GNC、美國大型百貨 Neiman Marcus 及 JCPenney，這些以門市店為主要收入來源的企業，幾乎都無法在疫情中繼續生存，還會連帶影響到商業不動產的未來展望。

　　至於尚未破產但仍然受到嚴重打擊的產業，比如航空業、航運業、旅遊業、飯店業，站在投機角度而言，雖然可以趁著股價低迷時進場搶短線反彈，但以投資角度來看，這些產業至少在 2020 年結束前仍然沒戲。

　　不過，航空業相對上就比較有討論空間。畢竟失去了客運收入，航空業也能夠轉型承接貨運生意，再加上政府救濟意願高，受到的衝擊幅度，自然會比其他的服務產業縮小許

多。

因此，我認為下半年各類股的投資方向，可以用下述幾個面相概括：

▶▶▶科技優先

到目前為止，大多數科技類股的狀態不僅比 3 月崩跌之前還要好，近期股價更是屢創新高，例如：Invesco 納斯達克 100 指數 ETF（證券代號：QQQ）、SPDR 科技類股（證券代號：XLK）兩大 ETF，在淨值上都有十分亮眼的表現，即使你完全不懂選股，只要買入這類基金，仍然能獲得豐厚的報酬。

▶▶▶家居連動

在疫情衝擊下，為了因應居家辦公、遠距學習、會議、聯絡需求而產生的各項科技，都將大幅影響人類未來的生活方式及社交範圍，甚至還可能對產業面造成巨大改變。

舉例來說，Zoom 原本只是一間很普通的遠距會議公司，但因為疫情帶來的遠距商機，而從 60 美元漲到 250 美元，如今市值已超過 700 多億美元。其他像是影音串流平台 Netflix、即使位處高價仍一路向上的跨境電商亞馬遜、搭上居家辦公熱潮的 Adobe（證券代號：ADBE）等個股，都有

令人驚豔的漲幅。

至於 Disney（證券代號：DIS）、ViacomCBS（證券代號：VIAC）雖然屬於居家娛樂產業的一環，卻未著重於發展網路科技，仍屬於傳統型娛樂公司，因此市值並未明顯跳漲。此外，居家運動產業也有重大商機值得發掘，2019 年才上市的美國健身新創公司 Peloton（證券代號：PTON）近期就上漲將近 1 倍，Lululemon（證券代號：LULU）也從120 美元的低點飆漲到 360 美元。

在零售業界全面低迷時，這些以家居運動用品、瑜珈衣、健身球為主打商品的企業，卻仍然能夠一枝獨秀，非常值得關注。

我以自身經驗分享，最近解除封城之後，可以明顯感受到大多數人還是不願意出門消費，但是住家附近有兩間門市卻大排長龍，其中一間是我特別看好的星巴克、另外一間就是 Lululemon，由此可見家居運動用品業的特殊性。

▶▶▶小心醫藥

近期有不少小型醫藥股漲得特別兇，會飆漲的題材，不外乎是自家新藥傳出有治療新冠病毒的可能性，或是新冠疫苗開發已進入第 2 期、第 3 期的真人實驗階段，像這類單純因為消息面而股價飆漲的公司，其危險性明顯存在。

不過，屬於重資產公司的大型生技廠，或是與醫藥科技 Telemedicine 相關的醫藥類股，例如：遠距照護公司 Teladoc Health（證券代號：TDOC），則可以考慮長期持有。至於若是因為疫苗消息而漲好幾倍的中小型股票，就未必是適當的投資選擇，這屬於完完全全投機的短線操作。

▶▶▶ 避開中概

凡舉阿里巴巴、京東、拼多多，或是在美國有 ADR 的騰訊，個人認為在香港國安法通過之後，2020 年即使沒有引爆中美熱戰，中美雙方也會為此進行備戰。一旦兩國發生衝突，這些中概股將首當其衝，甚至被迫下市。

近期陸續傳出中資企業安排在港股上市的消息，就是為了中美衝突而做準備，投資人應該儘量避開這類有下市風險的個股。當然，短期內中方會持續人為支撐陸股及港股市場，但長期仍然看空。

▶▶▶ 注意國防

在眾多類股板塊中，國防股的上漲空間仍值得期待，綜觀目前美股涉及國防工業領域的企業，拿到最多國防預算的公司為 Lockheed（證券代號：LMT），不過它的股價已經高達 360 美元，加上所有收入都是源於國防工業，在和平時

期不見得可以有多大表現，雖然長期持有不會有太大問題，
波段操作的空間卻十分有限。（見圖表 7-4）

圖表 7-4　**2020 美國國防工業領域企業佔比**

公司	代號	國防預算收入 （十億美元）	國防佔總收益比例
Lockheed Martin	LMT	44.9	0.88
Boeing	BA	26.9	0.29
Raytheon Technologies	RTX	23.8	0.94
Northrop Grumman	NOC	22.3	0.87
General Dynamics	GD	19.4	0.63
L3Harris Technologies	LHX	11.9	0.76
Huntington Ingalls	HBAN	6.8	0.74
Honeywell	HON	4.6	0.11
Leidos	LDOS	4.3	0.43
Textron	TXT	4.1	0.29

　　其次則是波音，它為美國國防部打造的 B52 轟炸機至
今仍在使用，而最近飛過台灣上空的 B1B 轟炸機，也是出
自於波音。近幾年該公司更積極涉足衛星及載人火箭領域。
即便波音已經從 120 美元漲到 180 美元，我也十分看好毛的

長期發展，更認為在接下來 3 至 6 個月內，仍然會有很不錯的漲幅空間可以期待。

第 3 名專注於導彈製造的 Raytheon（證券代號：RTX）則與波音相仿，除了國防工業之外，也跨足其他領域，並與多家民間企業合作，創造更多獲利來源，股價目前仍未達 65 美元，是非常值得注意的國防類股。

總結「科技優先、家居聯動、小心醫藥、避開中概、注意國防」5 大重點，就是我對於近期股市類股板塊輪動的思考邏輯，期待能幫助讀者，確立 2020 年下半年的投資規劃與方向。

目前應該著重總體經濟影響，還是個股基本面？

站在個股角度思考，如果公司永遠賠錢，甚至本身沒有意義，僅是因為疫情或消息面炒作，而突然間上漲，就完全沒有值得投資的價值。個股的基本面至始至終都有其重要性，就好像沒有地基的房屋永遠不會穩固一樣。

但以目前狀況而言，總體經濟對於股市的影響仍然要擺在第一位，投資人首先應該關心國際疫情變化、掌握央行與財政政策補助的方向，再觀望合適的類股板塊，最後才挑選

出值得投資的目標企業。

正如前文提及的資安企業 Fastly，這家公司明明是才剛上市不久，為何能受到市場的高度青睞？因為它屬於科技股又與資安相關，在近期這波漲勢裡，表現十分亮眼。從基本面來看，自上市以來，各季度的收益更是屢創新高，在市場高度預期下，即便其股價已經來到 80 美元左右的高點。我認為它仍會繼續上漲。

當然也有一些非科技類，卻依然值得期待的個股，例如：響應素食及環保浪潮的人造肉公司 Beyond Meat，這陣子漲到 140 美元左右，但它的競爭對手不可能食品 Impossible Foods，2020 年已具備足夠產能。這兩家素食肉製造商的對決會如何，還相當難說。

不管是基本面的各項數據，還是市場競爭對手的產生，每檔個股都有不同的分析方式可以應用，如果能從制高點（依序為總體經濟、類股板塊、個股分析），俯瞰整個市場，在選擇投資標的上會更得心應手。

最後總結，輕資產適合短線波段操作，重資產適合長期持有，這一期分析強調，2020 年下半年的總體經濟情況仍是重要關鍵，畢竟覆巢之下無完卵，當經濟全面崩毀，股市行情也難以樂觀看待，幸好目前市場一切仍在預期中成長。此外，穩坐強勢貨幣第 1 位的美元，長期也依舊重要並且看

好，加深了我們看漲美股的信心。

NOTE

NOTE

NOTE

國家圖書館出版品預行編目（CIP）資料

經濟學博士教你美股存股課：他如何短短3年，投資超微、星巴克獲利3倍？
／洪哲雄著
－－初版. －－新北市；大樂文化 ，2020.09
面；14.8×21公分. –（Money：29）

ISBN　978-957-8710-93-1（平裝）

1.股票投資　2.期貨交易　3.投資分析

563.53　　　　　　　　　　　　　　　　　　　　　109011269

Money 029

經濟學博士教你美股存股課
他如何短短3年，投資超微、星巴克獲利 3 倍？

作　　者／洪哲雄
封面設計／蕭壽佳
內頁排版／思　思
文字整理／謝承翰
責任編輯／王藝婷
主　　編／皮海屏
發行專員／王薇捷、呂妍蓁
會計經理／陳碧蘭
發行經理／高世權、呂和儒
總編輯、總經理／蔡連壽
出 版 者／大樂文化有限公司
　　　　　　地址：新北市板橋區文化路一段 268 號 18 樓之 1
　　　　　　電話：（02）2258-3656
　　　　　　傳真：（02）2258-3660
　　　　　　詢問購書相關資訊請洽：2258-3656
　　　　　　郵政劃撥帳號／50211045　戶名／大樂文化有限公司

香港發行／豐達出版發行有限公司
　　　　　　地址：香港柴灣永泰道 70 號柴灣工業城 2 期 1805 室
　　　　　　電話：852-2172 6513　傳真：852-2172 4355

法律顧問／第一國際法律事務所余淑杏律師
印　　刷／韋懋實業有限公司

出版日期／2020 年 9 月 17 日
定　　價／320 元（缺頁或損毀的書，請寄回更換）
Ｉ Ｓ Ｂ Ｎ　978-957-8710-93-1

有著作權，侵害必究 All rights reserved.
非經同意，不得任意轉載、重製，或是作為商業用途。

大樂文化